DEKONSTRUKTIVISTISCHE ARCHITEKTUR

DEKONSTRUK-
TIVISTISCHE
ARCHITEKTUR

Philip Johnson und Mark Wigley

Verlag Gerd Hatje Stuttgart

Übersetzung aus dem Englischen:
Frank Druffner

Zuerst erschienen unter dem Titel
»Deconstructivist Architecture«
Copyright © 1988
The Museum of Modern Art, New York
All rights reserved

Alle deutschen Rechte bei
Verlag Gerd Hatje, Stuttgart 1988
ISBN 3 7757 0270 9

Gesamtherstellung:
Graphische Betriebe Eberl, Immenstadt
Graphische Gestaltung der Originalausgabe:
James Wageman

Umschlag: Detail einer Entwurfszeichnung
von Coop Himmelblau, Wien, übermittelt per
Telefax

Inhalt

Vorwort · Philip Johnson   7

Dekonstruktivistische Architektur
Mark Wigley   10

Projekte · Begleittexte Mark Wigley

Frank O. Gehry   22

Daniel Libeskind   34

Rem Koolhaas   46

Peter Eisenman   56

Zaha M. Hadid   68

Coop Himmelblau   80

Bernard Tschumi   92

Vorwort

Es ist nun ungefähr sechzig Jahre her, daß Henry-Russell Hitchcock, Alfred Barr und ich unsere Suche nach einem neuen architektonischen Stil begannen, der wie einst die Gotik oder die Romanik die Regeln unserer Kunst bestimmen sollte. Die daraus hervorgegangene Ausstellung »Moderne Architektur« von 1932 faßte die Architektur der zwanziger Jahre zusammen – mit Mies van der Rohe, Le Corbusier, Gropius und Oud als ihren Helden – und prophezeite einen Internationalen Stil, der den Platz der romantischen »Stile« der vorausgegangenen fünfzig Jahre einnehmen sollte. Diese Ausstellung verfolgt keine solchen Ziele. So interessant es für mich auch wäre, Parallelen zu 1932 zu ziehen, so verlockend es wäre, wieder einen neuen Stil zu verkünden – es soll heute nicht geschehen. Dekonstruktivistische Architektur ist kein neuer Stil. Wir nehmen für ihre Entwicklung nichts von der messianischen Inbrunst der modernen Bewegung, nichts von der Ausschließlichkeit dieser katholischen und kalvinistischen Sache in Anspruch. Dekonstruktivistische Architektur stellt keine Bewegung dar; sie ist kein Glaubensbekenntnis. Sie besitzt keine »drei Regeln« der Erfüllung. Sie ist nicht einmal »sieben Architekten«.
In ihr fließt das Schaffen einiger bedeutender Architekten der Jahre nach 1980 zusammen, die ähnlich vorgehen und zu äußerst ähnlichen Formen gelangen. Diese Entwicklung ist eine Verkettung ähnlicher Stränge aus verschiedenen Teilen der Welt.
Da Formen keineswegs aus dem Nichts hervorgehen, sondern unwillkürlich mit früheren in Verbindung stehen, ist es vielleicht nicht verwunderlich, daß die neuen Formen dekonstruktivistischer Architektur auf den russischen Konstruktivismus der zehner und zwanziger Jahre unseres Jahrhunderts zurückgreifen. Ich bin fasziniert von den formalen Ähnlichkeiten zwischen unseren Architekten untereinander einerseits und zwischen ihnen und der russischen Bewegung andererseits. Einige dieser Ähnlichkeiten sind den jungen Architekten selbst nicht bewußt, und sie kommen schon gar nicht vorsätzlich zustande. Nehmen wir das offensichtliche formale Thema, das von jedem der Künstler wiederholt wird: das diagonale Übereinandergreifen von Quadern und trapezoiden Blöcken. Diese Formen kommen auch ganz klar im Schaffen der russischen Avantgarde von Malewitsch bis Lissitzky vor. So ist beispielsweise die Ähnlich-

tion; sie ist einfach, klar, platonisch, ernst. Das Bild des »spring house« ist beunruhigend, verwirrend und geheimnisvoll. Die Kreisform ist rein; die ausgezackten Bretter bilden einen deformierten Raum. Es geht um den Gegensatz von Vollkommenheit und vergewaltigter Vollkommenheit.

Dasselbe Phänomen zeigt sich neben der Architektur auch im Bereich der Malerei und Skulptur. Viele Künstler, die sich nicht gegenseitig nachahmen, aber offensichtlich alle über den russischen Konstruktivismus Bescheid wissen, gestalten Formen, die denen der dekonstruktivistischen Architektur verwandt sind. Die sich schneidenden »Kegel und Pfeiler« eines Frank Stella, die trapezoiden Erdlinien eines Michael Heizer und die zerschnittenen und verzogenen Volumen einer Tasse von Ken Price kommen einem in den Sinn.

Auf dem Gebiet der Kunst wie auch im Bereich der Architektur gibt es jedoch in unserer sich keit zwischen Tatlins verzogenen Ebenen und denen Hadids offenkundig. Der »Liniismus« eines Rodtschenko taucht wieder bei Coop Himmelblau und Gehry auf und so fort.

Die Veränderungen, die mich als alten Modernisten schockieren, liegen in den Unterschieden zwischen der »verzerrten« Gestalt dekonstruktivistischer Architektur und der »reinen« Gestalt des alten Internationalen Stils. Zwei meiner Lieblingsbilder kommen mir in den Sinn: ein Kugellager, dargestellt auf dem Umschlag des Kataloges zur Ausstellung »Machine Art«, die 1934 im Museum of Modern Art stattfand, und eine jüngst von Michael Heizer gemachte Aufnahme eines »spring house« (das ist ein Brunnenhaus über einer Quelle) von ungefähr 1860, das sich auf seinem Besitz in der Wüste von Nevada befindet.

Beide Bildgegenstände wurden von anonymen Personen zu rein nichtästhetischen Zwecken »entworfen«. Beide Bilder erscheinen in ihrer jeweiligen Zeit bezeichnenderweise als schön. Das erste paßte zu unserem Dreißiger-Jahre-Ideal von der Maschinen-Schönheit der Form, die nicht von »künstlerischen« Designern verfälscht wurde. Das Foto des »spring house« löst heute ähnliche Gedanken aus wie zwei Generationen zuvor das Kugellager. Es ist mein wahrnehmendes Auge, das sich verändert hat. Man bedenke die Gegensätze. Die Form des Kugellagers verkörpert Klarheit und Perfek-

Links: Pendelkugellager. 1929. Stahl, Durchmesser 21,5 cm. The Museum of Modern Art, New York. Schenkung der SKF

Unten: »Spring house« (Brunnenhaus über einer Quelle). Nevada. Um 1860

schnell wandelnden Zeit viele – und gegensätzliche – Trends. In der Architektur haben strenger Klassizismus, strenger Modernismus und sämtliche Schattierungen dazwischen gleichermaßen Gültigkeit. Es ist kein allgemein überzeugender »Ismus« aufgetaucht. Mag sein, daß auch keiner entstehen wird, solange es nicht eine weltweite neue Religion oder Glaubensregel gibt, aus der eine Ästhetik hervorgehen kann.

In der Zwischenzeit regiert der Pluralismus, und vielleicht ist er ein Nährboden, auf dem poetische, schöpferische Künstler gedeihen können.

Die sieben in der Ausstellung vertretenen Architekten, die aus sieben verschiedenen Ländern stammen und zur Zeit in fünf verschiedenen Ländern arbeiten, wurden nicht ausgewählt als alleinige Urheber oder einzige Vertreter dekonstruktivistischer Architektur. Viele gute Entwürfe mußten notwendigerweise übergangen werden, als diese Auswahl aus einem Bereich getroffen wurde, der sich ständig erweitert. Diese sieben Architekten aber schienen unserer Ansicht nach einen akzeptablen Querschnitt durch eine breite Gruppe darzustellen. Das Zusammenkommen mag in der Tat nur vorübergehend sein; doch seine Realität, Vitalität und Originalität kann kaum geleugnet werden.

Philip Johnson

Dekonstruktivistische Architektur

Architektur ist immer eine zentrale kulturelle Einrichtung gewesen und wird vor allem deswegen geschätzt, weil sie für Stabilität und Ordnung sorgt. Diese Qualitäten, so meint man, resultieren aus der geometrischen Klarheit ihrer formalen Komposition.

Schon immer träumten die Architekten von der reinen Form, wollten sie Dinge schaffen, die alle Instabilität und Unordnung ausschließen sollten. Gebäude werden errichtet, indem man auf einfache geometrische Körper – Kubus, Zylinder, Kugel, Pyramide, Kegel und so weiter – zurückgreift und sie zu einem festen Ensemble zusammenfügt (Abb. 1), wobei kompositorische Regeln befolgt werden, die jede Einzelform vor einem Konflikt mit einer anderen bewahren. Keine Form darf eine andere stören, jeder potentielle Konflikt wird aufgelöst. Die Formen wirken harmonisch an einem einheitlichen Ganzen mit. Diese zusammenklingende geometrische Struktur wird zur physischen Struktur des Gebäudes; ihre formale Reinheit wird als Garantie für strukturelle Stabilität angesehen.

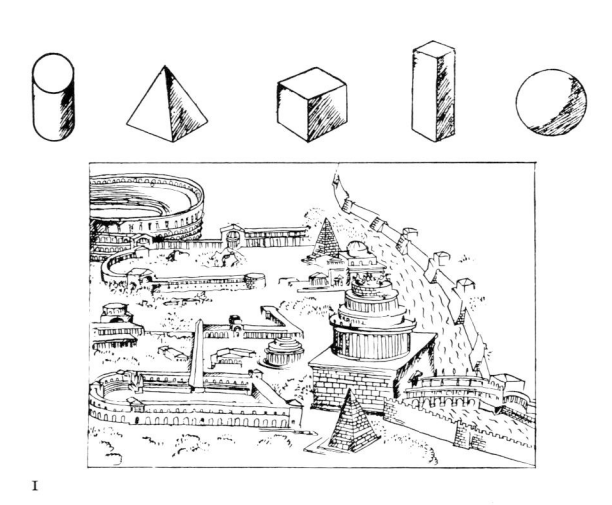

Wenn diese Grundstruktur vorhanden ist, arbeitet der Architekt sie zu einem endgültigen Entwurf aus, und zwar so, daß ihre Reinheit bewahrt bleibt. Jede Abweichung von der strukturellen Ordnung, jede Unreinheit erscheint als eine Bedrohung der formalen Werte von Harmonie, Einheit und Stabilität und wird deshalb von der Struktur abgelöst und als bloßes Ornament behandelt. Architektur ist eine konservative Disziplin, die reine Formen herstellt und sie vor Verunreinigungen schützt.

Die hier vorgestellten Projekte sind durch eine andere Art Sensibilität gekennzeichnet, durch eine Sensibilität, bei welcher der Traum von der

1 Le Corbusier. »Die Lehre Roms«. Abbildung 14 aus *L'Esprit Nouveau*, o. J. (1922/23)

2 SITE. Best Products Ausstellungsraum. Arden Fair Mall, Sacramento, Kalifornien. 1977

3 Gordon Matta-Clark. *Spaltung: Vier Ecken.* 1974

4 Hiromi Fujii. Ushimado International Arts Festival Center. Ushimado, Japan. 1984

5 Peter Eisenman. Romeo und Julia Burgen. Biennale Venedig. 1985

reinen Form gestört worden ist. Die Form ist verunreinigt worden. Der Traum wurde zu einer Art Alptraum.

Die potentielle Möglichkeit dieser Projekte, unser Nachdenken über Form durcheinanderzubringen, macht sie dekonstruktiv. Sie leiten sich keineswegs von einer Erscheinungsform zeitgenössischer Philosophie her, die als »Dekonstruktion« bekannt ist. Sie sind nicht die Anwendung dekonstruktiver Theorie. Sie gehen vielmehr aus der architektonischen Tradition selbst hervor und zeigen zufällig dekonstruktive Eigenschaften.

Allerdings wird Dekonstruktion häufig als das Zerlegen von Gebäuden mißverstanden. Folglich hat man jeden provozierenden Architekturentwurf, der die Struktur zu zerlegen scheint – sei es durch einfaches Aufbrechen eines Objekts (Abb. 2, 3) oder durch das komplizierte Verstellen eines Objekts in einer Grundriß-Collage (Abb. 4, 5) – als dekonstruktiv begrüßt. Durch diese Vorgehensweisen entstanden einige der eindrucksvollsten Projekte der letzten Jahre, doch sie bleiben eine Vortäuschung dekonstruktiven Schaffens in anderen Disziplinen, da sie die einzigartige Stellung des architektonischen Gegenstandes nicht ausnutzen. Dekonstruktion bedeutet nicht Zerstörung oder Verstellung. Während sie gewisse strukturelle Probleme innerhalb scheinbar stabiler Strukturen erkennt, führen diese Defekte nicht zum Zusammenbruch der Struktur. Dekonstruktion gewinnt im Gegenteil ihre ganze Kraft aus der Ablehnung eben jener Werte wie Harmonie, Einheit und Stabilität und aus der Annahme einer anderen Sicht von Struktur: der Sichtweise, daß die Defekte der Struktur innewohnen. Sie können nicht beseitigt werden, ohne die Struktur zu zerstören; sie sind in der Tat strukturell.

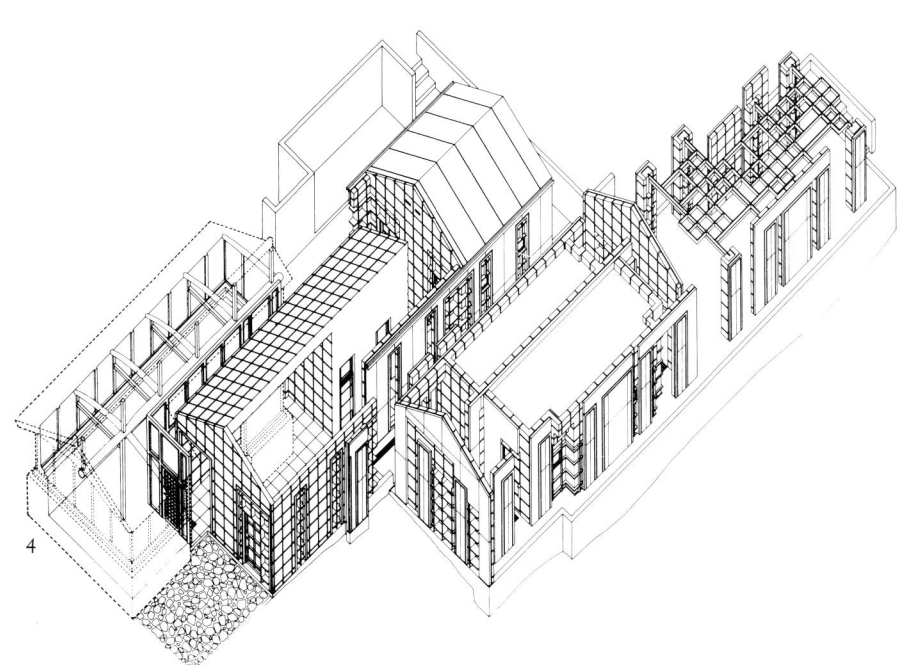

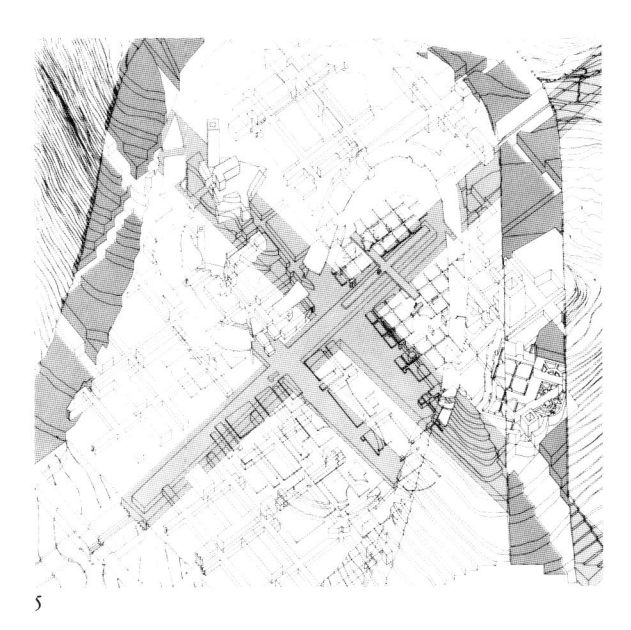

Ein dekonstruktiver Architekt ist deshalb nicht jemand, der Gebäude demontiert, sondern jemand, der den Gebäuden inhärente Probleme lokalisiert. Der dekonstruktive Architekt behandelt die reinen Formen der architektonischen Tradition wie ein Psychiater seine Patienten – er stellt die Symptome einer verdrängten Unreinheit fest. Diese Unreinheit wird durch eine Kombination von sanfter Schmeichelei und gewalttätiger Folter an die Oberfläche geholt: Die Form wird verhört.

Um das zu tun, wendet jedes Projekt formale Strategien an, die im frühen 20. Jahrhundert von der russischen Avantgarde entwickelt wurden. Der russische Konstruktivismus stellte einen kritischen Wendepunkt dar, an dem die architektonische Tradition so radikal umgebogen wurde, daß sich ein Riß bildete, der zum ersten Mal den Blick auf gewisse beunruhigende architektonische Möglichkeiten freigab. Das traditionelle Denken über die Natur architektonischer Gegenstände wurde in Zweifel gezogen. Doch die radikale Möglichkeit wurde damals nicht aufgegriffen. Die Wunde am Körper der Tradition schloß sich schon bald wieder, sie hinterließ nur eine kleine Narbe. Diese Projekte öffnen die Wunde wieder.

Die russische Avantgarde stellte für die Tradition eine Bedrohung dar, weil sie die klassischen Regeln jener Kompositionsweise brach, bei der die ausgewogene, hierarchische Beziehung zwischen den Formen ein einheitliches Ganzes erzeugt. Reine Formen wurden nunmehr dazu benützt, »unreine«, schiefe geometrische Kompositionen zu schaffen. Sowohl die Suprematisten unter der Führung Malewitschs als auch die Konstrukteure dreidimensionaler Werke, allen voran Tatlin, setzten einfache Formen in Konflikt zueinander, um so zu einer instabilen, unruhigen Geometrie zu gelangen (Abb. 6, 7). Hier gab es nicht mehr eine einzige Achse oder eine Hierarchie der Formen, hier gab es ein Bündel konkurrierender und widerstreitender Achsen und Formen. In den Jahren vor der Revolution von 1917 wurde diese Geometrie zunehmend unregelmäßiger.

In den Jahren nach der Revolution wandte sich die Avantgarde immer deutlicher von den traditionellen Hochkünsten ab, da sie als Mittel zur Flucht aus der sozialen Realität galten, und nahm sich statt dessen der Architektur an – eben weil sie ihrem Wesen nach funktional ist und nicht von der Gesellschaft abgelöst werden kann. Zwar galt auch die Architektur als eine Hochkunst, aber sie war so fest auf Funktion begründet, daß mit ihrer Hilfe revolutionäre Ziele vorangetrieben werden konnten; da die Architektur eng mit der Gesellschaft verknüpft wurde, forderte die soziale Revolution auch eine Revolutionierung der Architektur. Man begann zu untersuchen, inwieweit die vorrevolutionäre Kunst als Grundlage für radikale Strukturen dienen konnte. Nachdem die instabilen geometrischen Formen der frühen Zeichnungen auf Kontra-Reliefs übertragen worden waren, vermehrten sie sich solange, bis sie eine neue Art Innenraum schufen (Abb. 8) und im Begriff zu sein schienen, Architektur zu werden. Tatlins Monument (Abb. 9), bei dem reine geometrische Formen in ein gewundenes Ge-

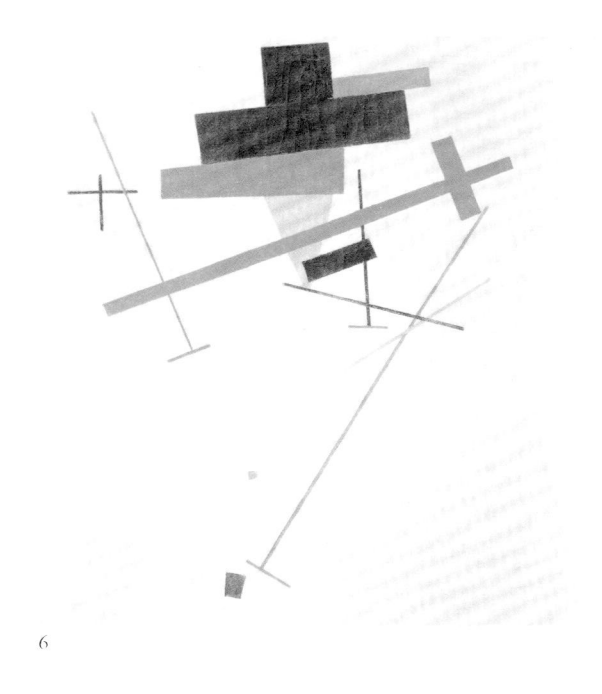

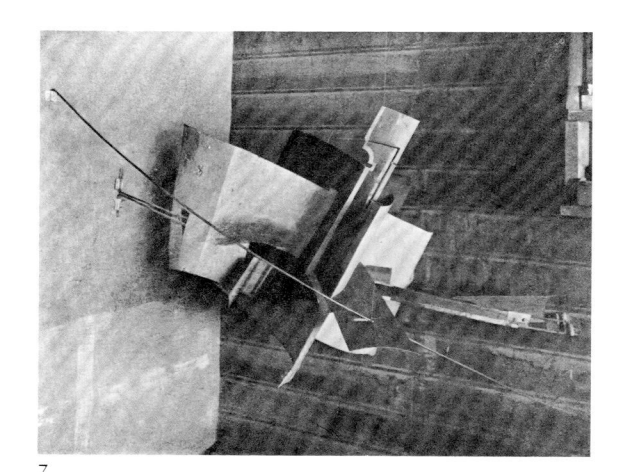

6 Kasimir Malewitsch. *Suprematistische Komposition.* 1915/16. Öl auf Leinwand, 49 × 44,5 cm. Wilhelm-Hack-Museum, Ludwigshafen am Rhein

7 Wladimir Tatlin. Eck-Kontra-Relief. 1914/15. Eisen, Aluminium, Zink, Farbe. Verbleib unbekannt

8 Intérieur des Café Pittoresque. Moskau. 1917. Innenraumgestaltung von Georgij Jakulow, Alexander Rodtschenko, Wladimir Tatlin und anderen

9 Wladimir Tatlin. Denkmal der Dritten Internationale. Moskau. 1919

10 Alexander Rodtschenko. Experimenteller Entwurf für einen Rundfunksender. 1920

11 Wladimir Krinski. Experimenteller Entwurf für ein kommunales Wohnungsbauprojekt. 1920

stell eingeschlossen sind, schien in der Architektur eine Revolution anzukündigen. Tatsächlich entstanden in den folgenden Jahren mehrere fortgeschrittene Entwürfe. Bei Rodtschenkos Radiosender (Abb. 10) beispielsweise haben die reinen Formen den strukturellen Rahmen gesprengt, wodurch sie sowohl sich selbst als auch diesen Rahmen in Unruhe bringen. In Krinskis Entwurf für ein kommunales Wohnungsbauprojekt (Abb. 11) hat sich der Rahmen vollkommen aufgelöst; die Formen haben keinerlei strukturellen Bezug mehr und scheinen aus dem Innern hervorgebrochen zu sein. Doch diese radikalen Strukturen wurden nie realisiert. Im Denken fand ein kritischer Wandel statt. Je mehr die Konstruktivisten auf die Architektur festgelegt wurden, um so mehr wurde die Instabilität ihrer vorrevolutionären Arbeiten beseitigt. Der Konflikt zwischen Formen, der das frühe Schaffen gekennzeichnet hatte, wurde allmählich aufgehoben. Instabile Montagen widerstreitender Formen verwandelten sich in maschinenartige Montagen, bei denen Formen zur Erreichung bestimmter Ziele harmonisch zusammenwirkten. Am kanonischen Werk konstruktivistischen Bauens, dem Palast der Arbeit der Brüder Wesnin, der als Beginn einer neuen Epoche der Architektur begrüßt wurde, läßt sich die kennzeichnende Geometrie der frühen Arbeiten nur an den

12 Die Brüder Wesnin. Entwurf für den Palast der Arbeit. Vorbereitende Skizze für den Wettbewerbsentwurf. 1922/23

13 Die Brüder Wesnin. Entwurf für den Palast der Arbeit. Endgültiger Entwurf. 1923

14 Alexander Rodtschenko. Entwurf für einen Zeitungskiosk. 1919

15 Wladimir Tatlin. Modell des Bühnenbildes zu Welimir Chlebnikows dramatischem Poem *Sangesi*. Aufgeführt im Institut für Künstlerische Kultur, Petrograd. 1923

16 Wladimir Tatlin. Modell des Bühnenbildes zu Alexander Ostrowskis Theaterstück *Der Komödiendarsteller im 17. Jahrhundert*. Aufgeführt im Theater der Kunst, Moskau. 1935

17 Jakow Tschernichow. Konstruktives Bühnenbild. Abbildung aus seinem Buch *Die Konstruktion architektonischer und maschineller Formen*. Leningrad. 1931

Drähten ganz oben ablesen (Abb. 12). Und auch dort wird sie beim Übertragen der frühen Skizze in den endgültigen Entwurf noch einmal gezähmt (Abb. 13), von gefährlicher Phantastik in sichere Realität verwandelt. Bei der Skizze geraten die Linien der Drähte in Widerstreit, und die Grundvolumen sind verzerrt. Im endgültigen Entwurf aber sind die Volumen bereinigt – sie sind ebenmäßig, klassisch geworden –, und die Drähte wirken in einer einzigen, hierarchischen, vertikalen Bewegung zusammen. Die ganze Spannung der Skizze ist in eine einzige Achse aufgelöst worden; die ziellose Geometrie erhält eine Richtung. Das Projekt zeigt nur noch eine rudimentäre Spur der vorrevolutionären Studien: Die ursprüngliche Idee ist zu einem Ornament verkümmert, das seinen Platz auf dem Dach einer klassischen Komposition aus reinen Formen findet. Die Struktur darunter bleibt ungestört.

Instabilität wurde an den Rand gedrängt. Tatsächlich war sie nur bei solchen Kunstformen voll entwickelt worden, die von der Tradition als marginal erachtet wurden – bei Bühnenausstattungen, Straßendekorationen, bei Typographie, Photomontage und Mode-Design (Abb. 14–18) –, in Bereichen der Kunst also, die frei von strukturellen und funktionalen Zwängen des Bauens sind.

Die russische Avantgarde wurde nicht durch simple politische oder technologische Tatsachen von der Verwirklichung ihrer frühen Entwürfe abgehalten. Sie gab auch nicht einfach den Geist ihrer frühen Arbeiten auf. Vielmehr war die Instabilität der vorrevolutionären Werke nie als eine strukturelle Möglichkeit ins Auge gefaßt worden. Im frühen Schaffen ging es nicht um die Destabilisierung der Struktur. Es ging im Gegenteil um deren fundamentale Reinheit. Die unregelmäßige Geometrie wurde als eine dynamische Beziehung zwischen Formen aufgefaßt, die im Raum treiben, und nicht so sehr als ein instabiler struktureller Zustand dieser Formen selbst. Die Reinheit der individuellen Formen wurde zu keiner Zeit in Frage gestellt; nie machte man sich an ihrer inneren Struktur zu schaffen. Doch bei dem Versuch, die frühen formalen Experimente in verzerrte architektonische Strukturen umzuwandeln, machten Tatlin, Rodtschenko und Krinski aus Dynamik Instabilität. Ihre Entwürfe stellen somit einen Irrweg dar, eine extreme Möglichkeit jenseits des Geistes der frühen Werke. Paradoxerweise war es gerade die stabilere konstruktivistische Architektur der Brüder Wesnin, die diesen Geist, dieses Interesse für die Reinheit der Struktur aufrechterhielt – und zwar gerade dadurch, daß die Form vor der Bedrohung durch Instabilität beschützt wurde. Und als Folge davon war diese Architektur nicht imstande, den traditionellen Zustand des architektonischen Gegenstandes zu stören. Architektur behielt ihre traditionelle Rolle. So gesehen waren die avantgardistischen Projekte architektonische Fehlschläge. Es sind in der Architektur formale Vorgehensweisen möglich, die ihre Grundbedingungen umwandeln; solche Umwandlungen erfolgten in anderen Künsten, nicht aber in der Architektur. Es fand lediglich ein stilistischer Wandel statt, und dennoch erlag der neue Stil alsbald dem der modernen Bewegung, der sich zur selben Zeit parallel entwickelte. Die russische Avantgarde wurde durch die Reinheit der modernen Bewegung korrumpiert.

Die moderne Bewegung versuchte die Architektur dadurch zu reinigen, daß sie die klassische Tradition vom Ornament befreite und dadurch die nackte Reinheit der darunterliegenden funktionalen Struktur enthüllte. Formale Reinheit wurde mit funktionaler Leistungsfähigkeit verknüpft. Doch die moderne Bewegung war von der eleganten Ästhetik des Funktionalismus besessen, nicht von der komplizierten Dynamik der Funktion selbst. Anstatt die besonderen Erfordernisse des funktionalen Programms zur Erzeugung der Grundordnung ihrer Projekte zu nutzen, manipulierten sie lediglich die Haut der reinen geometrischen Formen in einer Weise, die das allgemeine Konzept von Funktion kundgab. Indem sie die Ästhetik der Maschine aufgriffen, schufen sie einen funktionalistischen Stil. Wie die Klassizisten gliederten sie die Oberfläche einer Form so, daß deren Reinheit betont wurde. Sie stellten genau jene Tradition, der sie zu entkommen trachteten, dadurch wieder her, daß sie die klassische durch eine moderne Haut ersetzten, ohne die Grundeigenschaft des architektonischen Gegenstandes zu verändern. Architektur blieb auch weiterhin ein Träger von Stabilität.

Jedes der hier gezeigten Projekte untersucht die Beziehung zwischen der Instabilität der frühen russischen Avantgarde und der Stabilität des Hochmodernismus. Jedes Projekt benützt die Ästhetik des Hochmodernismus, verbindet sie aber mit der radikalen Geometrie der vorrevolutionären Arbeiten. Die spannungsreich widerstreitenden Formen der Avantgarde erhalten den kühlen Anstrich des Internationalen Stils. Indem die Projekte die Spannung des frühen Schaffens unter die Haut moderner Architektur verpflanzen, irritieren sie den Modernismus von innen her, verformen sie ihn durch seine eigene Genealogie.

Sie müssen dabei nicht unbedingt bewußt aus konstruktivistischen Quellen schöpfen. Dadurch, daß sie die weiterhin wirksame Tradition bloßstellen, an der der Modernismus teilhat, bedienen sie sich vielmehr unvermeidlich der von der Avantgarde erprobten Strategien. Sie imitieren die Russen nicht auf kapriziöse Weise; der springende Punkt ist, daß die Russen die geometrischen Konfigurationen entdeckten, mit deren Hilfe die Struktur destabilisiert werden kann, und daß diese Konfigurationen im Hochmodernismus unterdrückt vorkommen.

So ist die Anwendung des formalen Vokabulars des Konstruktivismus kein historisierendes Spiel, das die avantgardistischen Werke gewandt aus ihrem ideologisch befrachteten sozialen Umfeld reißt, indem sie als rein ästhetische Gegenstände behandelt werden. Die wahre Ästhetisierung der frühen formalen Untersuchungen war eigentlich schon erfolgt, als die Avantgarde selbst sie mehr ornamental als strukturell durchführte. Die hier vorgestellten Projekte aber führen die frühen Untersuchungen strukturell durch, und dadurch werden sie dem sozialen Milieu zurückgegeben.

Doch das bedeutet nicht einfach, die Kontra-Reliefs zu vergrößern oder die frühen Zeichnungen ins Dreidimensionale zu übertragen. Diese Projekte beziehen ihre Kraft kaum mehr aus der Anwendung widerstreitender Formen. Das ist nur die Kulisse für einen viel fundamentaleren Umsturz der architektonischen Tradition. Die Ästhetik wird nur angewandt, um eine weitere radikale Möglichkeit auszunutzen, eine Möglichkeit, die die russische Avantgarde zwar bereitgestellt, aus der sie jedoch keinen Nutzen gezogen hat. Wenn die Projekte in gewissem Sinne das Unternehmen zu Ende führen, so gestalten sie es gleichzeitig um: Sie verzerren den Konstruktivismus. Dieses Verzerren ist das »de« in »de-konstruktivistisch«. Man kann die Projekte dekonstruktivistisch nennen, weil sie aus dem Konstruktivismus schöpfen und doch eine radikale Abweichung von ihm darstellen.

18 El Lissitzky. Ohne Titel. 1924 – 1930. Gelatine-Silber-Abzug, 16,1 × 11,8 cm. The Museum of Modern Art, New York. Schenkung von Shirley C. Burden und David H. McAlpin (im Austausch)

Das gelingt dadurch, daß sie den Irrweg innerhalb der Geschichte der Avantgarde ausnutzen, jenes kurze Zwischenspiel von 1918 bis 1920, als verzerrte Architekturentwürfe vorgelegt wurden. Unregelmäßige Geometrie wird wieder als struktureller Zustand begriffen und nicht so sehr als dynamische formale Ästhetik. Sie entsteht nicht mehr nur aus dem Konflikt reiner Formen, sondern in diesen selbst. Die Formen sind durchsetzt von der charakteristischen schiefen Geometrie, sie sind verzerrt. Auf diese Weise wird die traditionelle Eigenschaft des architektonischen Gegenstandes radikal gestört.

18

Diese Störung resultiert nicht aus äußerer Gewaltanwendung. Sie ist kein Zerbrechen oder Zerschneiden, kein Zertrümmern oder Zerstückeln. Eine Form auf eine dieser Weisen von außen her zu stören bedeutet nicht, diese Form zu bedrohen, sondern nur, sie zu beschädigen. Die Beschädigung hat dabei eine dekorative Wirkung, sie erzeugt eine Ästhetik der Gefahr, eine fast malerische Darstellung von Gefahr – aber keine spürbare Bedrohung. Dekonstruktivistische Architektur hingegen stört die Figuren von innen heraus. Das bedeutet allerdings nicht, daß verzerrte Geometrie zu einer neuen Form von Innenarchitektur geworden ist; sie nimmt nicht einfach den Raum ein, der durch eine bereits vorhandene Figur bestimmt wird.

Die innere Störung ist wirklich der inneren Struktur, der Konstruktion einverleibt worden. Es ist, als ob irgendein Parasit die Form infiziert und von innen heraus deformiert hätte. Das hier gezeigte Projekt zur Umgestaltung eines Dachgeschosses (S. 81–83) zeigt ganz offenkundig eine Form, die durch einen fremden Organismus verzerrt worden ist, durch ein sich windendes Tier, das aus der Ecke hervorbricht. Irgendein gewundenes Kontra-Relief infiziert den rechtwinkligen Kasten. Es ist ein skeletthaftes Ungeheuer, das mit seinem Sich-Herausquälen die Form sprengt. Von den gewohnten Zwängen der rechtwinkligen Struktur befreit, splittert, verschiebt und biegt sich das Dach. Die Deformation ist besonders beunruhigend, weil sie der Form anzugehören, ein Teil von ihr zu sein scheint. Es sieht aus, als ob sie dort schon immer verborgen gewesen wäre, bis der Architekt sie befreite: Das seltsame Auftauchen der Treppen, der Wände und der Dachfläche – nicht etwa aus einem Spalt oder einer dunklen Ecke – wird geprägt von eben jenen Elementen, die das Grundvolumen des Dachgeschosses bestimmen. Das Fremdartige ist ein Auswuchs genau jener Form, die es verletzt. Die Form verzerrt sich selbst. Doch diese Verzerrung zerstört die Form nicht. Auf seltsame Weise bleibt sie intakt. Es ist eher eine Architektur der Spaltung, des Verrückens, der Ablenkung, der Abweichung und der Verzerrung als eine Architektur der Zerstörung, der Demontage, des Verfalls oder der Auflösung. Sie verschiebt die Struktur, anstatt sie zu zerstören. Verwirrend an dieser Art Bau ist letztendlich die Tatsache, daß die Form ihre Martern nicht nur übersteht, sondern stärker daraus hervorgeht. Vielleicht wird die Form sogar von ihnen erzeugt. Es ist unklar, was zuerst da war – Form oder Verzerrung, Wirt oder Parasit. Auf den ersten Blick scheint der Unterschied zwischen der Form und ihrer ornamentalen Verzerrung deutlich zu sein, doch bei näherem Hinsehen verschwimmt die Grenze zwischen ihnen. Je genauer wir hinsehen, um so unklarer wird, wo die vollkommene Form aufhört und ihre Unvollkommenheit anfängt; wir erkennen, daß beides untrennbar miteinander verstrickt ist. Es kann keine klare Linie zwischen beidem gezogen werden. Keine Operationstechnik könnte die Form befreien; kein klarer Schnitt kann gelegt werden. Den Parasiten entfernen hieße den Wirt töten. Beide bilden eine symbiotische Ganzheit.

Das schafft ein Gefühl des Unbehagens, der Unruhe, denn das Gefühl für jene stabile, kohärente Identität, die wir mit dem Begriff der reinen Form verbinden, wird herausgefordert. Es ist, als ob Vollkommenheit schon immer Unvollkommenheit eingeschlossen hätte, als ob sie schon immer gewisse nicht erkannte Geburtsfehler besessen hätte, die erst jetzt klar erkannt werden. Vollkommenheit ist insgeheim mißgestaltet. Von innen her gequält, bekennt die scheinbar vollkommene Form ihr Verbrechen, die Unvollkommenheit.

Dieses Gefühl der Verwirrung tritt nicht allein bei den Formen dieser Projekte auf. Es zeigt sich auch im Verhältnis der Form zu ihrem Kontext.
In den letzten Jahren ist das moderne Verständnis von sozialer Verantwortung als funktionales Programm durch ein Interesse am Kontext verdrängt worden. Doch Kontextualismus wurde als Entschuldigung für Mittelmäßigkeit benutzt, für dumpfe Unterwürfigkeit gegenüber dem Vertrauten. Da dekonstruktivistische Architektur das Ungewohnte innerhalb des Gewohnten sucht, verschiebt sie den Kontext eher, als daß sie sich ihm fügt. Die hier vorgestellten Projekte ignorieren den Kontext nicht; sie sind nicht anti-kontextuell. Vielmehr versucht jedes einzelne eine sehr spezifische Art der Vermittlung.
Was an ihnen stört ist die Art, wie sie das Unbekannte, das bereits im Vertrauten verborgen ist, finden. Durch ihre Vermittlung werden Elemente des Kontextes dem Vertrauten entzogen. Bei einem der Projekte werden Türme auf die Seite umgelegt, bei anderen werden Brücken derart schräg gestellt, daß sie zu Türmen werden. Unterirdische Elemente brechen aus der Erde hervor und treiben auf der Oberfläche, Allerweltsmaterialien wirken plötzlich exotisch. Jedes Projekt aktiviert einen Teil des Kontextes, um dessen verbleibenden Rest zu stören, indem vormals unbemerkte spaltende Eigenschaften hervorgekehrt und thematisiert werden. Dabei nimmt jedes Projekt eine unheimliche Erscheinung an, das dem Kontext, in dem es entstand, fremd ist – fremd und doch vertraut, eine Art schlafendes Ungeheuer, das mitten im Alltag erwacht.
Diese Entfremdung erzeugt einen komplizierten Widerhall zwischen dem gespaltenen Inneren der Formen und jener Spaltung des Kontextes, der die Stellung der Wände, welche die Form bezeichnen, in Frage stellt. Die Trennung von innen und außen wird radikal gestört. Die Form trennt nicht mehr nur ein Inneres von einem Äußeren. Die Geometrie erweist sich als wesentlich verwickelter: Das Gefühl, in ein Gebäude oder einen Raum eingeschlossen zu sein, gibt es nicht mehr. Doch nicht durch einfaches Entfernen der Wände, die Geschlossenheit der Form wird nicht einfach durch die Offenheit des modernen freien Grundrisses ersetzt. Das ist nicht Freiheit oder Befreiung, sondern Druck, nicht Entspannung, sondern erhöhte Spannung. Die Wand bricht auf, und zwar in einer mehrdeutigen Weise. Es gibt keine einfachen Fenster, keine regelmäßigen Öffnungen, die eine feste Wand durchlöchern; die Wand wird eher gemartert – gespalten und geknickt. Sie bietet nicht mehr Sicherheit, indem sie das Vertraute vom Ungewohnten, das Innen vom Außen trennt. Die ganze Fähigkeit zu umhüllen bricht zusammen.

Auch wenn die dekonstruktivistische Architektur diese höchst grundlegende Eigenschaft architektonischer Objekte bedroht, so stellt sie doch keine avantgardistische Bewegung dar. Sie ist keine Rhetorik des Neuen. Vielmehr enthüllt sie das Ungewohnte, das sich hinter dem Traditionellen verbirgt. Sie ist die Erschütterung des Alten.
Sie nutzt die Schwächen der Tradition aus – eher um diese zu stören als zu besiegen. Wie die moderne Avantgarde versucht sie also, zu stören, zu entfremden. Das geschieht jedoch nicht aus der Zurückgezogenheit der Avantgarde heraus, nicht von außen her. Sie belagert und untergräbt eher das Zentrum. Diese Arbeit unterscheidet sich grundsätzlich nicht von der alten Tradition, die sie unterminiert. Sie gibt die Tradition nicht preis, vielmehr besetzt sie das Zentrum der Tradition, um zu zeigen, daß Architektur und die reine Form immer schon infiziert waren. Indem sie die Tradition völlig bewohnen und ihrer inneren Logik rigoroser denn je gehorchen, entdecken diese Architekten bestimmte Probleme innerhalb der Tradition, die jene, welche sich in ihr wie Schlafwandler bewegen, übersehen.
Dekonstruktivistische Architektur stellt deshalb sowohl das konservative Zentrum als auch die Randgruppen vor Probleme. Beide können sich die Arbeit nicht einfach aneignen. Sie kann von den Randgruppen nicht einfach imitiert werden, weil sie eine intime Kenntnis und so-

mit die Komplizenschaft der inneren Vorgänge der Tradition fordert. Doch genausowenig vermag sie sich das Zentrum anzueignen; sie kann nicht so einfach assimiliert werden. Sie fordert zum Verbrauch heraus, indem sie traditionelle architektonische Formen verwendet – den Stand dazu verlockt, diese begierig aufzunehmen. Da sie diese Formen aber infiziert, ruft sie stets eine Art Verdauungsstörung hervor. In diesem Moment kritischen Widerstandes entfaltet sie ihre ganze Stärke.

Viele vermeintlich radikale architektonische Arbeiten der vergangenen Jahre haben sich selbst neutralisiert, indem sie marginal blieben. Eine Menge konzeptueller Projekte sind entstanden, die vielleicht radikaler aussehen als die Arbeiten, die wir hier vorstellen – es fehlt ihnen jedoch an Kraft, da sie sich nicht dem Kernproblem der Tradition stellen: Sie werden zu einer Randerscheinung, indem sie sich vom Bauen fernhalten. Sie befassen sich in der Praxis nicht mit Architektur, sondern lassen gelehrte Bemerkungen über sie fallen. Sie schaffen eine Art Kommentar zum Bauen, ohne auf das Bauen einzugehen. Solche Zeichnungen verdeutlichen die Absonderung der historischen Avantgarde. Sie besetzt die Ränder, befindet sich an der Front und an den Grenzen. Sie erzeugt Zukunftsprojektionen, schöne neue Welten, utopische Phantasien.

Demgegenüber sind die Werke in dieser Ausstellung weder Projektionen in die Zukunft noch einfach historische Erinnerungen an die Vergangenheit. Sie versuchen vielmehr, der lebendigen Tradition unter die Haut zu gehen und sie von innen heraus zu irritieren. Dekonstruktivistische Architektur legt die Grenzen, die Schranken von Architektur fest, die sich in Alltagsformen manifestieren. Sie entdeckt neue Bereiche in alten Vorstellungen.

Dieses Schaffen führt zu jener Art von Umsturz, der gewöhnlich nur in Gebieten vermutet wird, die von der Realität gebauter Form weit entfernt sind. Die Projekte sind genau deshalb radikal, weil sie sich eben nicht in den Schutz der Zeichnung, der Theorie oder der Plastik flüchten. Einige sind gebaut worden, einige sollen gebaut werden, andere werden sicher niemals gebaut – aber jedes einzelne könnte man bauen; jedes ist auf das Bauen ausgerichtet. Sie entwickeln einen architektonischen Zusammenhang, indem sie die Grundprobleme des Bauens – Struktur und Funktion – miteinander konfrontieren, auch wenn das auf unkonventionelle Weise geschieht.

Bei jedem Projekt ist die traditionelle Struktur paralleler Ebenen, die innerhalb einer regelmäßigen Form über einer Grundfläche aufgestapelt sind, verzerrt. Der Rahmen ist verzogen. Selbst die Grundfläche ist verformt. Das Befragen der reinen Form verweist die Struktur in ihre Grenzen, drängt sie aber nicht darüber hinaus. Die Struktur ist erschüttert, aber sie stürzt nicht zusammen; sie wird nur dorthin gedrängt, wo sie erschüttert wird. Dieses Vorgehen schafft ein Gefühl des Unbehagens, wenn Fußböden und Wände aus der Fassung geraten und uns damit verlocken, auf etwas zu vertrauen, was dem Rand näherliegt. Doch wenn diese Strukturen ein Gefühl der Unsicherheit hervorrufen, dann nicht etwa aufgrund ihrer Dünnheit. Diese Gebäude sind erstaunlich solide. Die Solidität wird lediglich auf ungewohnte Weise erzielt, da sie unser traditionelles Gefühl für Struktur verändert. Obgleich strukturell intakt, sind sie gleichzeitig strukturell beunruhigend.

Dieses Verrücken traditionellen Denkens über Struktur verrückt auch das traditionelle Denken über Funktion. Die Modernisten legten dar, daß die Form der Funktion folgt (»form follows function«), und daß funktional leistungsfähige Formen notwendigerweise eine reine Geometrie besitzen. Ihre rationale Ästhetik mißachtete die ungeordnete Realität tatsächlicher funktionaler Erfordernisse. In der dekonstruktivistischen Architektur sorgt der Zusammenbruch der reinen Form für eine dynamische Komplexität örtlicher Bedingungen, die sich besser mit der funktionalen Komplexität deckt. Darüber hinaus sind die Formen gestört und erhalten nur so ein funktionales Programm. An die Stelle der Form, die der Funktion folgt, tritt die Funktion, die der Deformation folgt.

Auch wenn diese Projekte traditionelle Gedanken zur Struktur in Frage stellen, so sind sie doch streng strukturell. Auch wenn die funktionalistische Rhetorik des Modernismus in Frage gestellt wird, so ist jedes Projekt streng funktional.

Für die meisten Architekten ist diese Verpflichtung dem Bauen gegenüber eine Veränderung, durch welche sich der Akzent ihres Schaffens völlig verlagert hat. Sie haben ihre komplexen Abstraktionen verlassen und treten der Materialität gebauter Gegenstände entgegen. Diese

Veränderung verleiht ihrem Schaffen eine kritische Schärfe. Kritisches Schaffen kann heute nur auf dem Gebiet des Bauens stattfinden: Um sich mit dem Diskurs zu beschäftigen, müssen sich die Architekten mit dem Bauen auseinandersetzen; das Objekt wird zum Ort jedweder theoretischer Auseinandersetzung. Theoretiker werden gezwungen, den Schutz der Theorie aufzugeben, Praktiker werden aus ihrer schlafwandlerischen Praxis wachgerüttelt. Beide begegnen sich auf dem Gebiet des Bauens und beschäftigen sich mit Objekten.

Dies soll nicht als Ablehnung der Theorie verstanden werden. Vielmehr zeigt sich, daß der traditionelle Status der Theorie verändert wurde. Sie ist nicht mehr ein abstrakter Verteidigungsgürtel, der die Objekte umgibt und vor einer gründlichen Prüfung schützt, indem sie mystifiziert werden. Die Architekturtheorie belegt im allgemeinen den Zusammenstoß mit dem Objekt im voraus mit Beschlag. Es liegt ihr eher daran, Objekte zu verschleiern als zu enthüllen. Bei diesen Projekten ist alle Theorie auf die Objekte übergegangen: Behauptungen nehmen nun die Gestalt von Objekten an, nicht mehr von verbalen Abstraktionen. Was zählt ist der Zustand, nicht die abstrakte Theorie. Tatsächlich formt die Kraft des Objekts die Theorie, die es unanwendbar hervorbrachte.

Folglich können diese Projekte außerhalb ihres gewohnten theoretischen Kontextes gesehen werden. Sie können mit streng formalen Begriffen analysiert werden, da die formale Eigenschaft eines jeden Objektes dessen volle ideologische Kraft enthält. Solch eine Analyse führt konzeptuelle Architekten und Pragmatiker zusammen. Sie treffen sich in der Herstellung beunruhigender Objekte, mit denen die reine Form analysiert wird auf eine Weise, die den unterdrückten Zustand der Architektur offenlegt.

Das soll nicht heißen, daß sie an einer neuen Bewegung teilhaben. Dekonstruktivistische Architektur ist kein »Ismus«. Aber sie besteht auch nicht einfach aus sieben unabhängigen Architekten. Sie ist der seltsame gemeinsame Schnittpunkt auffallend unterschiedlicher Architekten, die sich in verschiedene Richtungen bewegen. Die Projekte sind nur kurze Augenblicke im unabhängigen Programm des Künstlers. Natürlich beeinflussen sie sich auf komplizierte Weise, aber sie sind keine Gruppe; im besten Falle handelt es sich um ein unbequemes Bündnis. Die Episode wird kurz sein. Die Architekten werden in verschiedenen Richtungen weitergehen. Ihr Schaffen wird keine bestimmte Art von Praxis und keine bestimmte Art von Gegenstand gutheißen. Dies ist kein neuer Stil; die Projekte besitzen nicht einfach nur eine gemeinsame Ästhetik. Die Gemeinsamkeit der Architekten liegt darin, daß jeder von ihnen ein verwirrendes Gebäude errichtet, indem er die verborgenen Potentiale des Modernismus ausnutzt.

Die Unruhe, die diese Gebäude erzeugen, wirkt nicht allein über die Wahrnehmung; sie ist keine persönliche Reaktion auf das Werk, nicht einmal ein Gemütszustand. Was gestört wird, ist eine Reihe tiefverwurzelter kultureller Postulate, die einer bestimmten Art von Architekturbetrachtung zugrundeliegen, Postulate über Ordnung, Harmonie, Stabilität und Einheit. Diese Störung geht nicht aus irgendeiner fundamentalen Veränderung innerhalb der Kultur hervor und läuft auch nicht auf eine solche Veränderung hinaus. Die Unruhe wird nicht von irgendeinem neuen Zeitgeist hervorgerufen; es ist nicht so, daß eine verwirrte Welt eine verwirrte Architektur erzeugt. Es ist nicht einmal die persönliche Angst des Architekten; es ist keine Form des Expressionismus – der Architekt drückt hier nichts aus. Der Architekt ermöglicht der Tradition lediglich fehlzugehen, sich selbst zu deformieren. Der Alptraum dekonstruktivistischer Architektur sitzt eher im Unbewußten der reinen Form als im Unbewußten des Architekten. Der Architekt baut lediglich traditionelle formale Hemmungen ab, um das unterdrückte Fremdartige zu befreien. Jeder Architekt baut andere Hemmungen ab, um die Form auf ganz unterschiedliche Weise umzustürzen. Jeder thematisiert ein anderes Dilemma der reinen Form.

Indem die Architekten dies tun, schaffen sie eine abweichende Architektur, die unkontrolliert vom Vertrauten ins Ungewohnte hinübergleitet, einer unheimlichen Verwirklichung ihrer eigenen fremdartigen Natur entgegen: eine Architektur endlich, in der die Form sich selbst verformt, um sich von neuem zu offenbaren. Die Projekte deuten an, daß Architektur immer vor dieser Art von Rätsel gestanden ist, daß diese Rätsel die Quelle ihrer Kraft und ihrer Lust sind – daß genau sie ihre ungeheure Erscheinung ermöglichen.

Mark Wigley

PROJEKTE

Frank O. Gehry
Frank O. Gehry and Associates, Inc.

Geboren 1929 in Toronto, Kanada
Sitz in Venice, Kalifornien

Haus Gehry. Santa Monica, Kalifornien. 1978–1988
Erstes Stadium. 1978
Partner: Paul Lubowicki
Zweites Stadium. 1979
Partner: Paul Lubowicki
Drittes Stadium. 1988
Partnerin: Susan Narduli

Haus Familian. Santa Monica, Kalifornien. 1978
Partner: John Clagett, C. Gregory Walsh

Das Gehry-Haus ist das Ergebnis einer in drei Stadien erfolgten Renovierung eines bestehenden Vorstadthauses. Der ursprüngliche Bau ist jetzt in mehrere ineinandergreifende Anbauten mit widerstreitenden Strukturen eingebettet. Er ist durch diese Anbauten stark umgeformt worden. Doch die Bedeutung des Hauses rührt von dem Gefühl her, daß die Anbauten nicht von außen herangetragen wurden, sondern sich aus dem Inneren des Gebäudes entwickelt haben. Es scheint, als ob das Haus schon immer diese verzerrten Formen in sich getragen hätte.
Im ersten Stadium (Abb. 2–5) winden sich Formen aus dem Inneren heraus. Ein schräggestellter Würfel (Abb. 3) beispielsweise, der aus dem Holzgerüst des ursprünglichen Baus gestaltet wurde, durchbricht die Struktur und streift den »Überzug« des Hauses zurück. Indem diese Formen sich herausdrängen, beseitigen sie die Haut des Gebäudes und enthüllen die Struktur; sie bilden eine zweite Haut, die sich über die Vorderfront und die Seiten des neuen Körpers spannt, die Rückfront des Hauses jedoch unverhüllt läßt – sie wirkt wie eine Bühnenkulisse. Die Formen, die die Struktur durchbrochen haben, drücken auch gegen diese zweite Haut, die sie am Ende aber vom Ausbrechen zurückhält. Folglich operiert das erste Stadium in der Lücke zwischen ursprünglicher Wand und ihrer abgerückten Haut. Diese Lücke ist eine Konfliktzone, in der strenge Unterscheidungen zwischen innen und außen, Ursprünglichem und Angebautem, Struktur und Fassade in Frage gestellt werden. Das ursprüngliche Haus wird zu einem seltsam fremdartigen Kunstprodukt, das von Formen gefangengehalten und verzerrt wird, die aus seinem Inneren hervorgetreten sind.
Im zweiten Stadium (Abb. 6–9) zerbirst die Struktur der Rückwand, die nicht durch die Haut geschützt wird, und Bretter purzeln heraus. Die Struktur bricht buchstäblich fast zusammen. Im dritten Stadium (Abb. 1 und 10–12) füllt sich der Hinterhof mit Formen, die durch die Bresche in der Rückwand aus dem Haus entflohen zu sein scheinen; die Bresche schließt sich dabei. Diese Formen werden dann unter Spannung gesetzt, indem sie untereinander und in ihrer Beziehung zum Haus verdreht werden. Das Gehry-Haus wird zu einem ausgedehnten Versuch über die gewundene Beziehung zwischen dem Konflikt innerhalb von Formen und dem Konflikt von Formen untereinander.

Das Familian-Haus (Abb. 13–21) setzt sich aus einem Kubus und einem Barren zusammen. Innerhalb des Kubus dreht und windet sich ein zweiter. Als Ergebnis dieses inneren Konflikts zerbricht der kleinere Kubus im größeren, seine Unterseite wird als Fußboden innerhalb des größeren Würfels beibehalten, während sich der Rest durch das Dach hindurchwindet und nach hinten kippt (Abb. 20). Dieses diagonale Verdrehen in dem Kubus bringt zudem eine Brücke hervor, die horizontal vorspringt, dabei die Haut durchstößt und die Lücke zwischen den beiden Formen überspannt, die dadurch miteinander verbunden werden.
Sowohl Kubus als auch Barren sind verzerrt, aber auf verschiedene Weise. Die Rückwand des Barren ist zergliedert, sie schiebt sich vor, um einen Balkon zu bilden (Abb. 15), wobei sich ihre Bestandteile vertikal und horizontal verziehen. Anders aber als bei dem Zusammenbruch des kleinen Kubus untergräbt hier nicht eine Form eine andere von innen heraus. Das innere Volumen des Barren ist nicht gestört. Die ganze Spannung liegt in den Wänden, die das Volumen definieren. Die Wände stehen unter einer ausreichenden Spannung, damit sich Risse öffnen können: Die reine, weiße, modernistische Haut reißt und schält sich und legt dadurch einen unerwartet verzogenen Holzrahmen frei. Reine Form wird auf eine Weise analysiert, daß sie ihre verdrehte und zersplitterte Struktur offenbart.

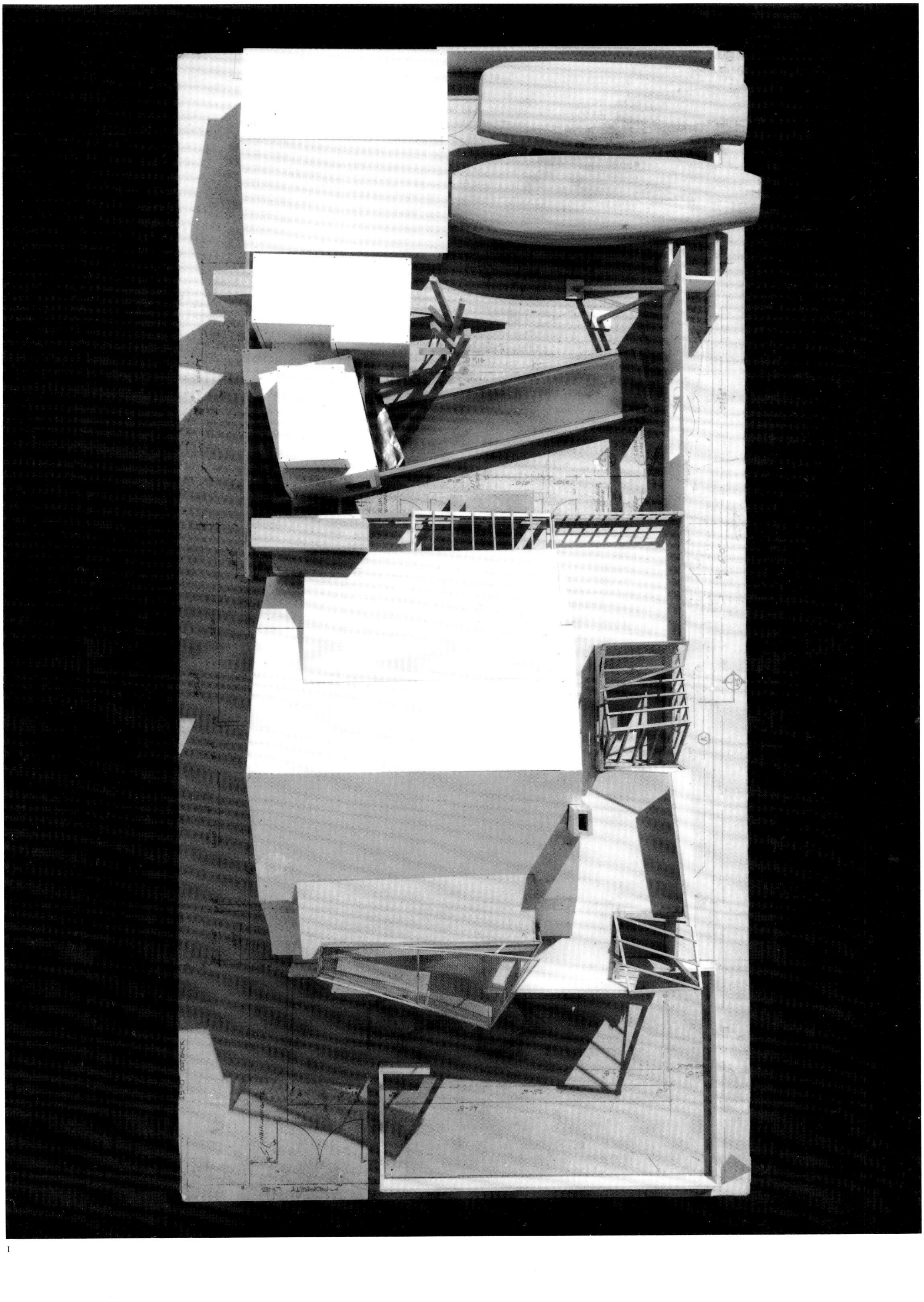

1

Haus Gehry

1 Modell, drittes Stadium (Seite 23)
2 Axonometrie, erstes Stadium
3 – 5 Modell, erstes Stadium

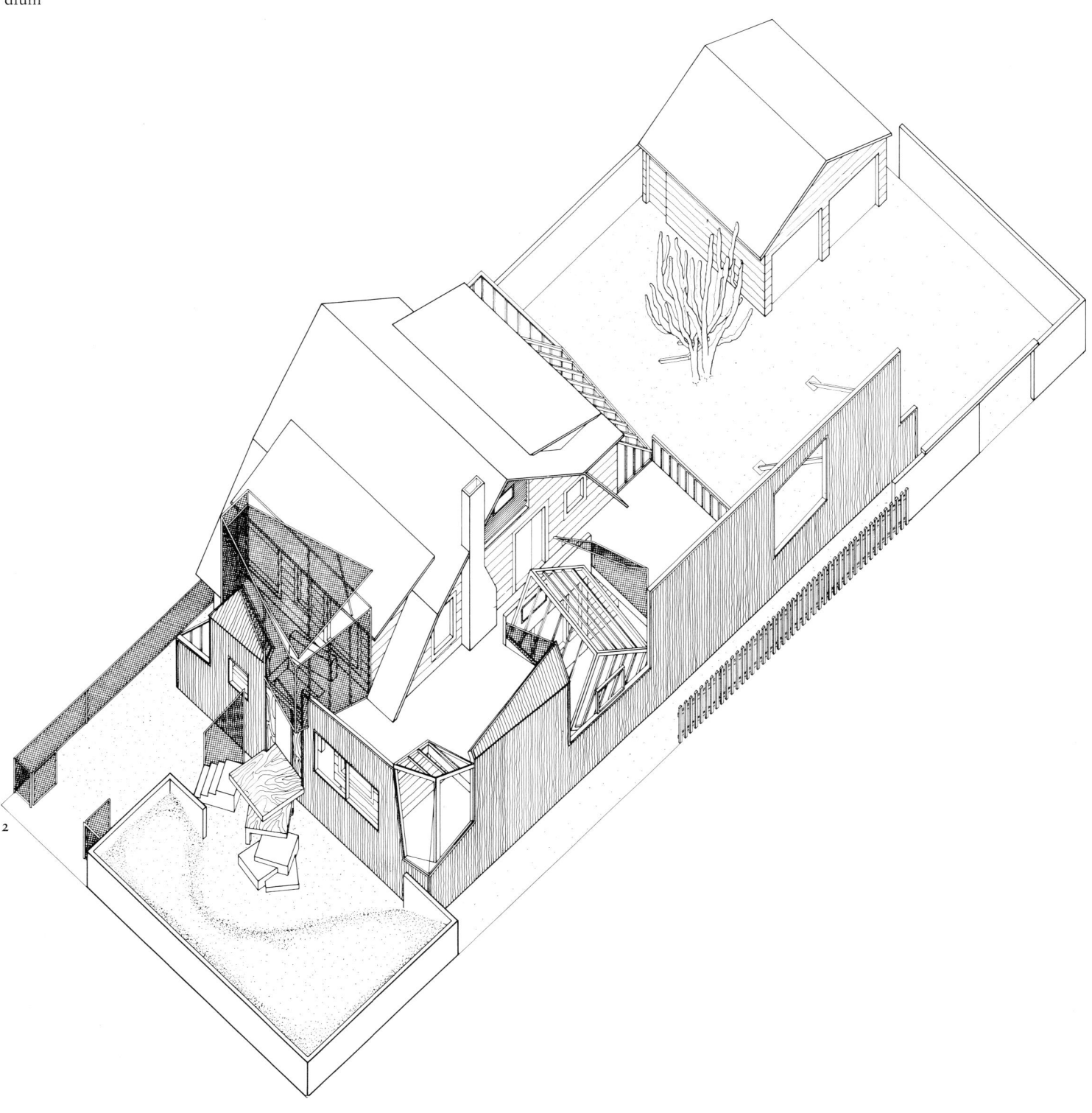

2

3

4

5

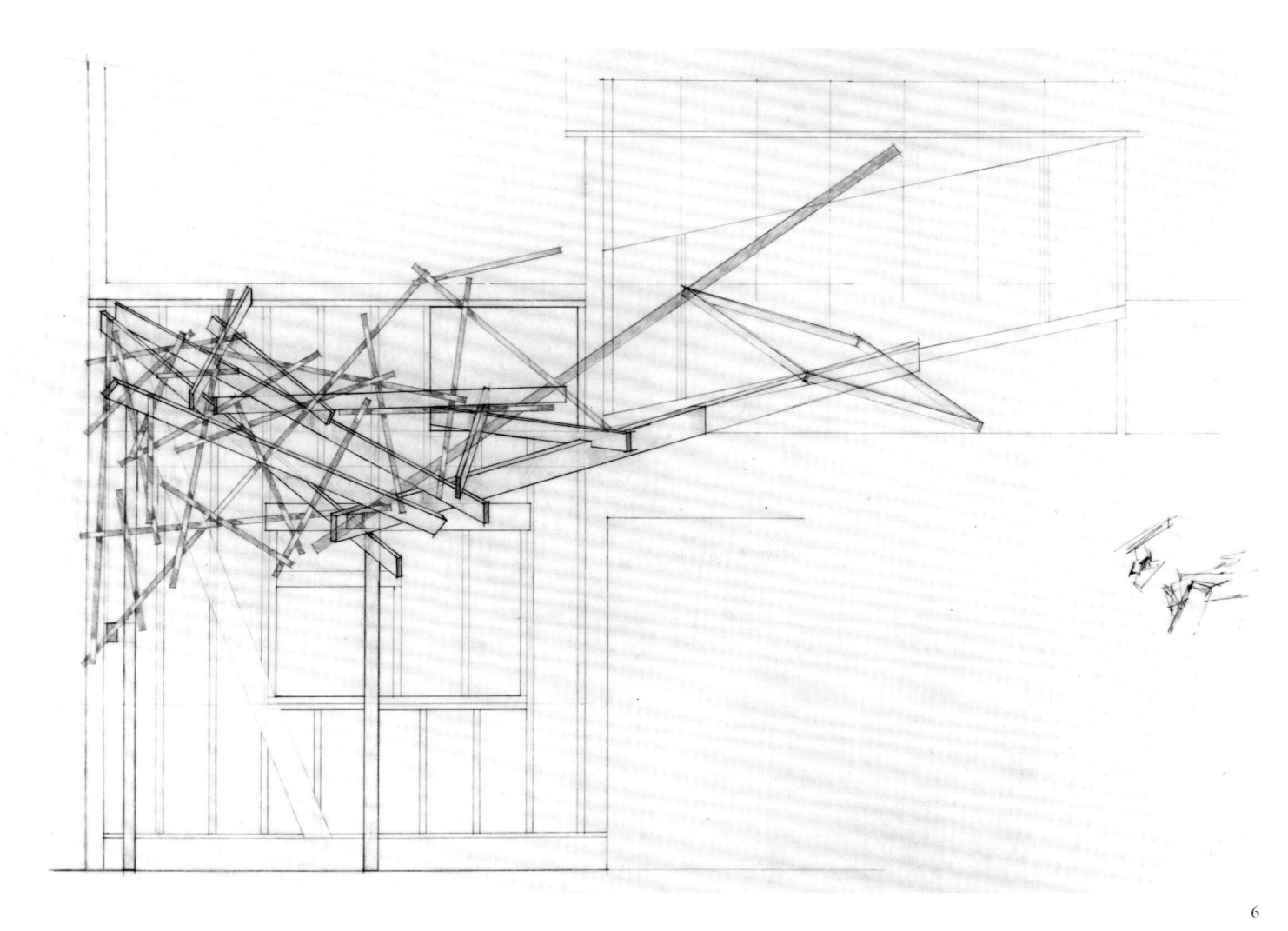

6 Aufriß, zweites Stadium
7, 8 Modell, zweites Stadium
9 Detail des Modells, zweites Stadium, Vogelperspektive

9

10

11

28

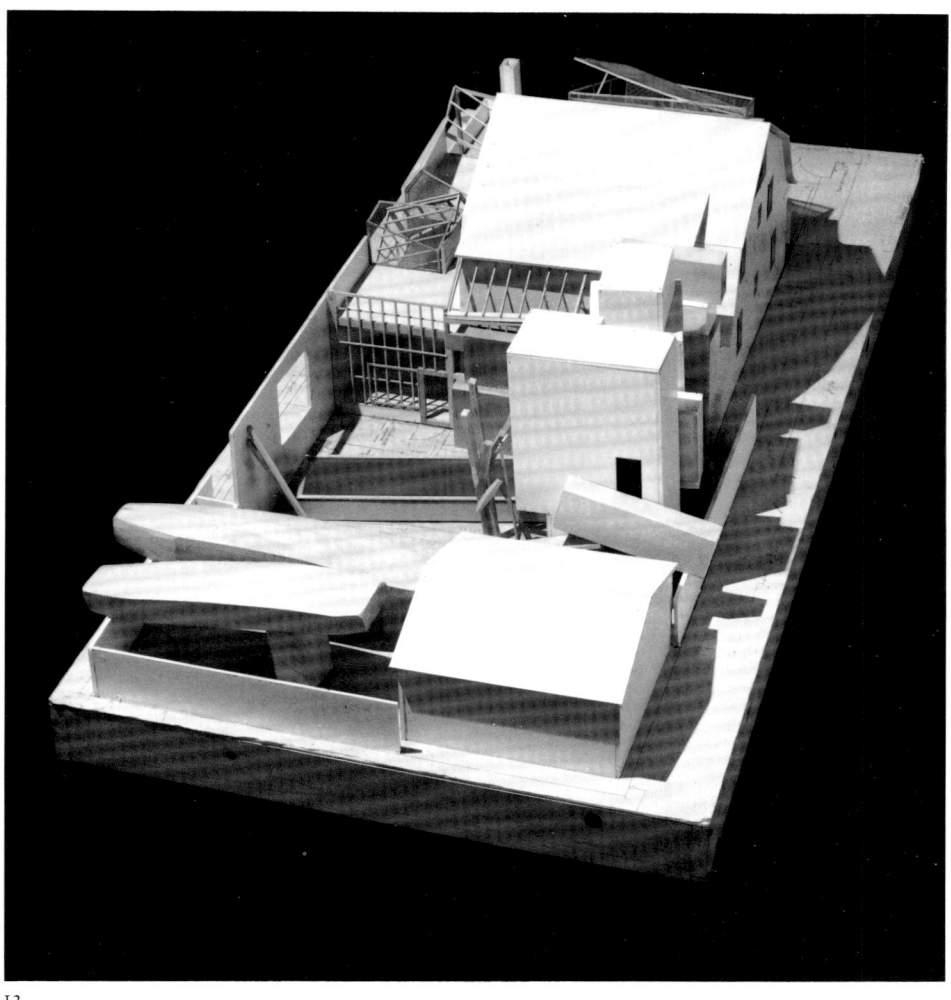

10–12 Modell, drittes Stadium

13

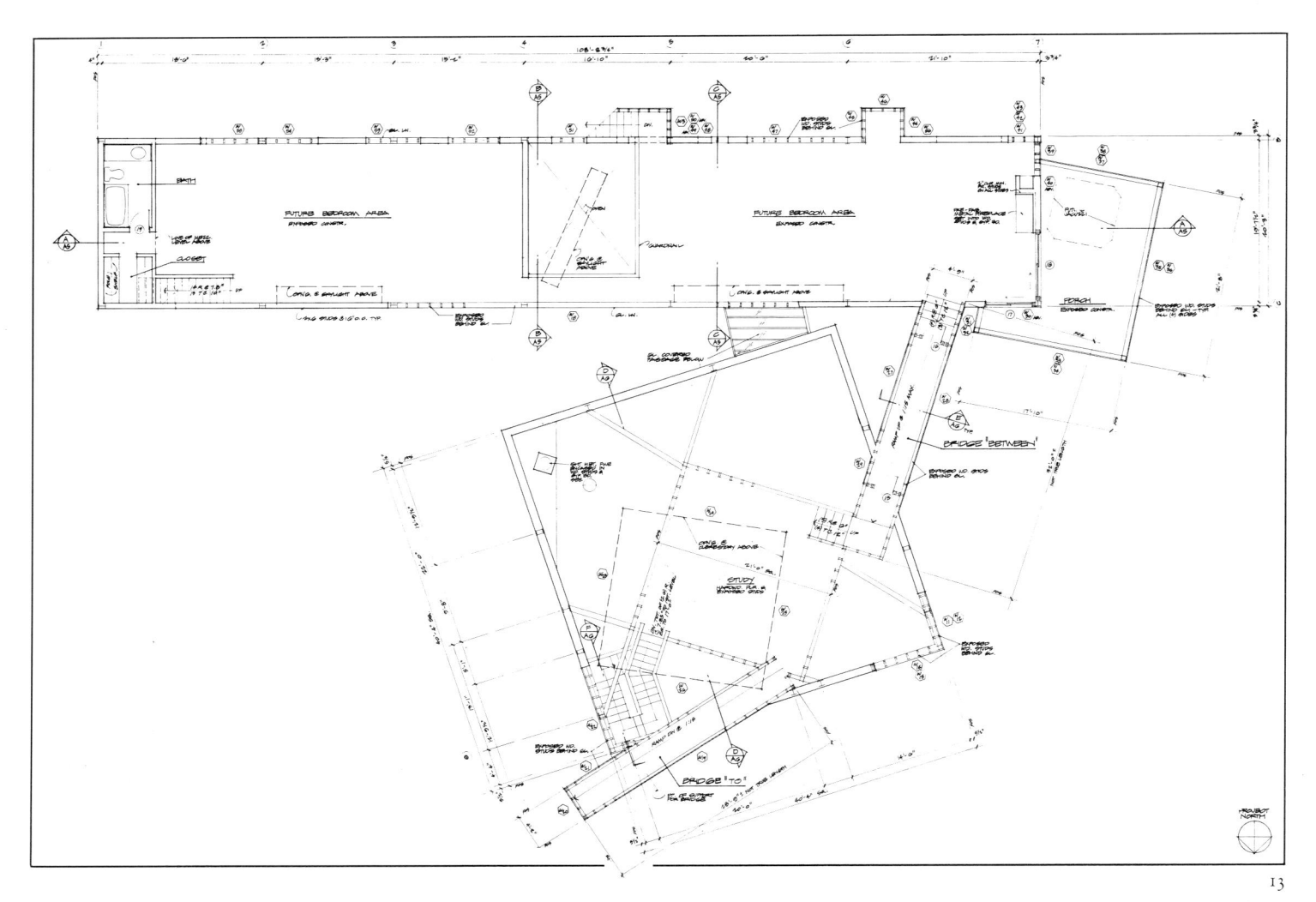

14

Familian Haus

13 Erster Stock
14–16 Modell

17

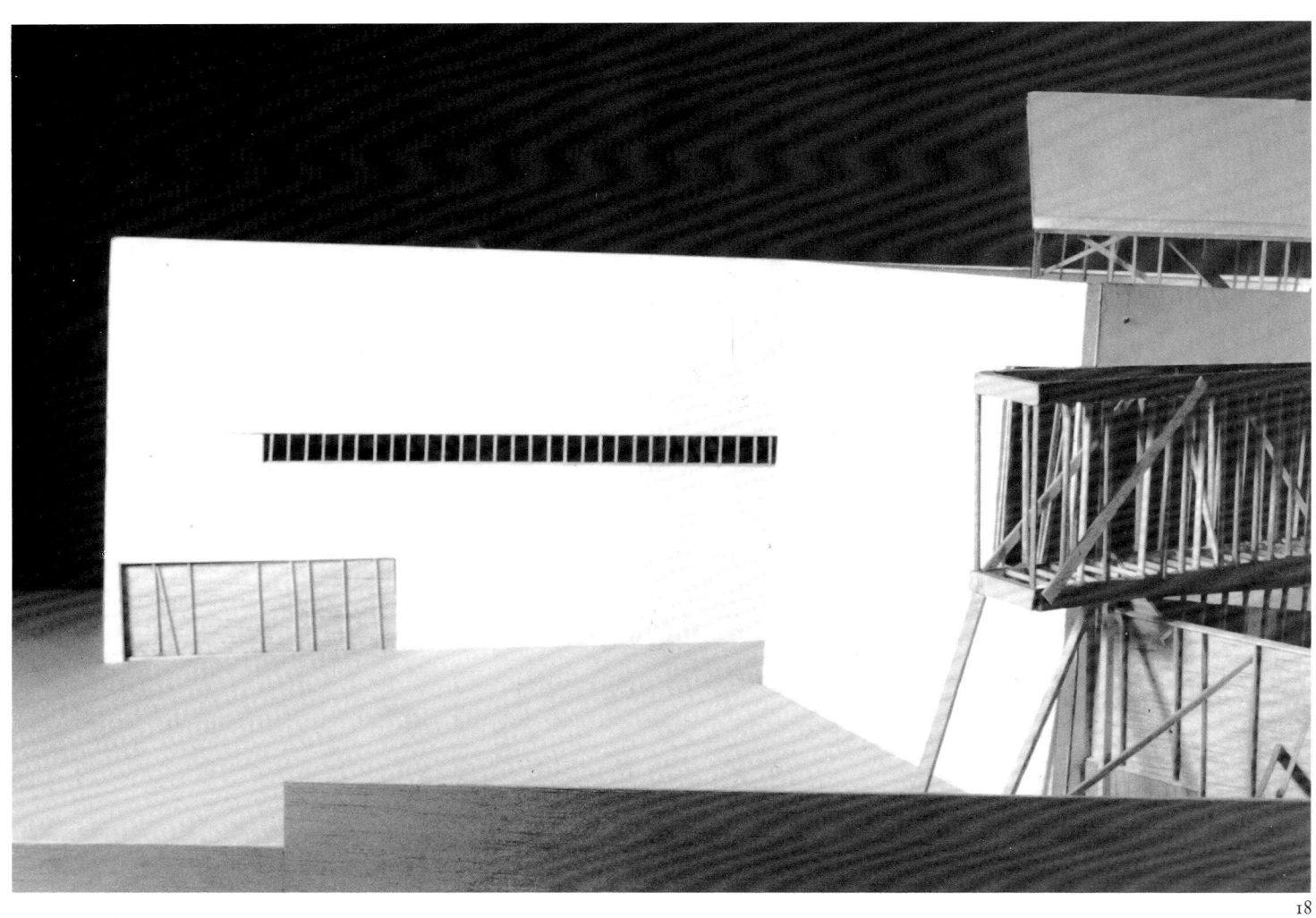

18

19

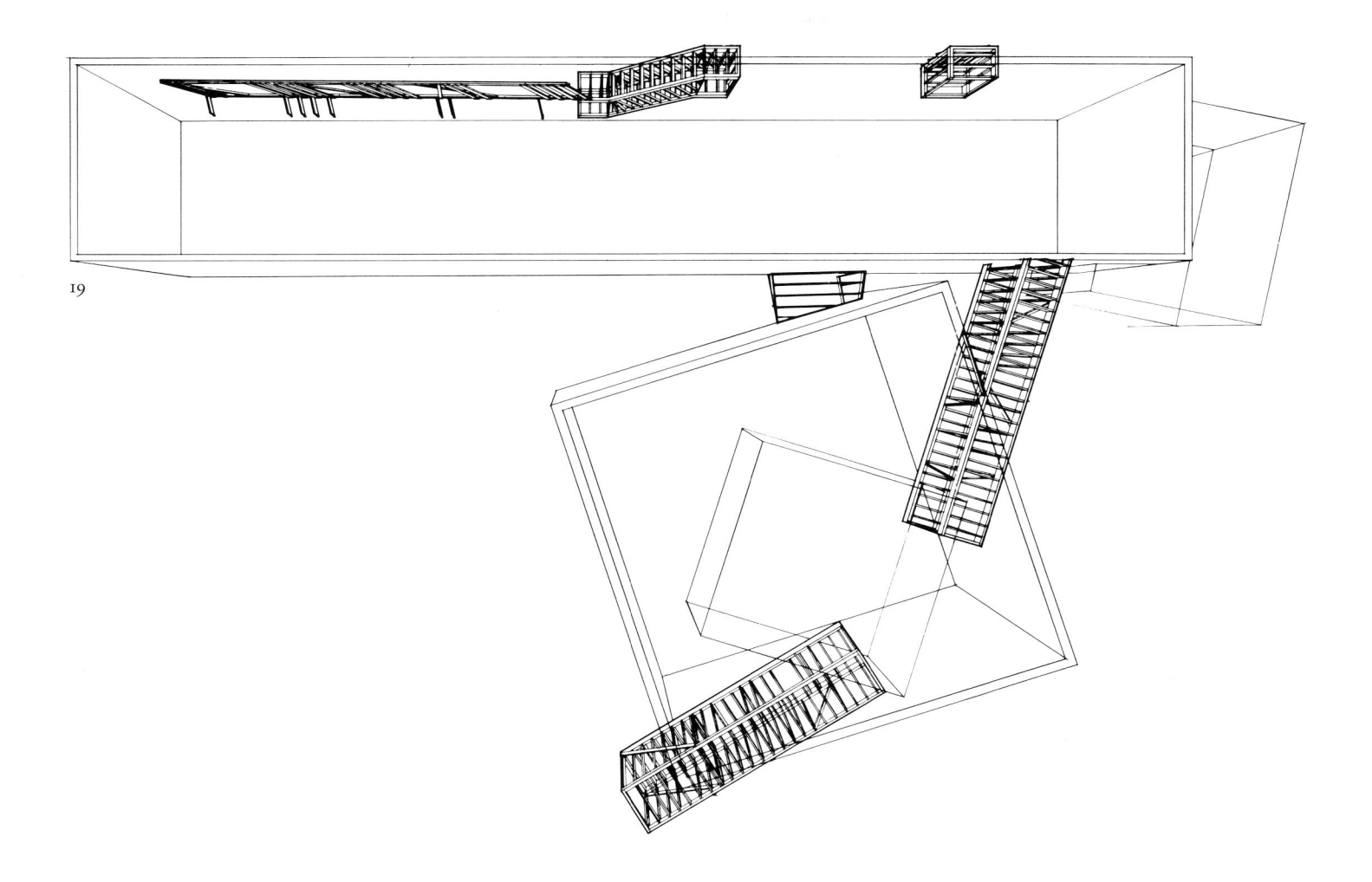

17 Modell
18 Detail des Modells
19 Äußere Verbindungs-
elemente
20 Schnitt durch den
Würfel
21 Aufriß des Barren

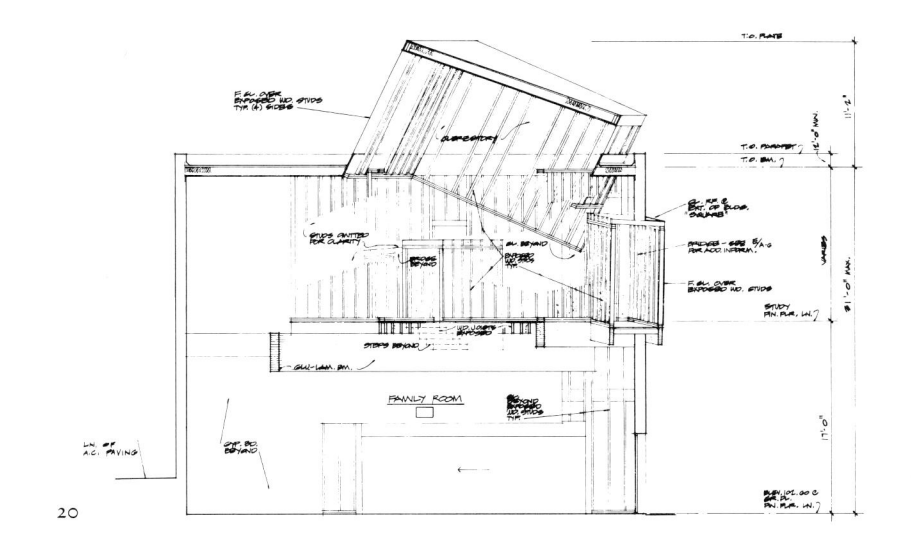

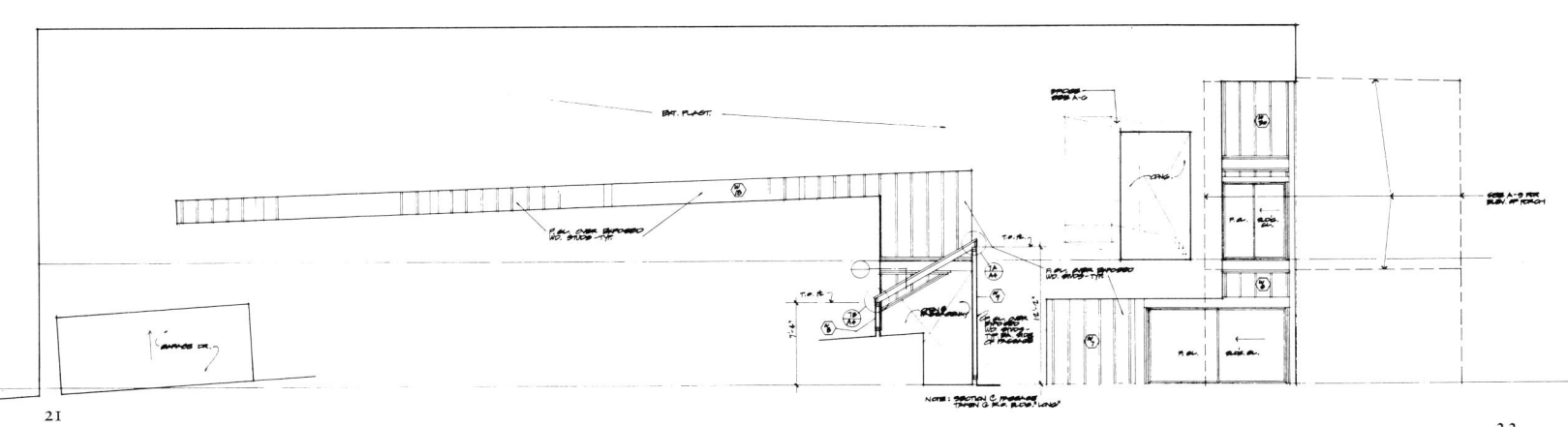

20

21

Daniel Libeskind

Geboren 1946 in Lodz, Polen
Sitz in Mailand

Stadtkante. Berlin. 1987
Erhielt den Ersten Preis beim Wettbewerb Stadtkante der IBA. 1987
Mitarbeiter: Donald L. Bates, Meton Gadelha, Thomas Han, Dean Hoffman, Juha Ilonen, Esbjorn Jonsson, Brian Nicholson, Hani Rashid, Berit Restad-Jonsson, Lars Henrik Stahl, Joseph Wong
Bautechnik: Peter Rice (Ove Arup and Partners)

Das Projekt Stadtkante ist eine Büro- und Wohnraum-Erweiterung für den Bezirk Tiergarten in Berlin. Es besteht aus einem riesigen Barren, der schräg vom Boden aufragt, so daß ein Ende zehn Stockwerke hoch schwebt und die Berliner Mauer überragt.

Das Projekt macht sich die Logik dieser Mauer zunutze, das gewalttätige Durchschneiden eines Gebiets. Der Barren ist eine Abstraktion der Mauer, er durchschneidet die Stadt und reißt Teile der alten Stadtstruktur nieder. Aber er untergräbt die Logik der Mauer, indem er sich emporhebt und unter sich Raum für eine neue öffentliche Straße schafft: Er wird zu einer Vorrichtung zum Niederreißen von Schranken, nicht zu deren Errichtung.

Die Mauer wird weiter umgestaltet, indem sie in Stücke zerbrochen wird, die dann gegeneinander verdreht werden. Am einen Ende des Geländes befindet sich eine Anzahl von kleineren massiven Barren; am anderen wetteifert der Hauptbarren mit seinem Schatten, der in den Boden eingeschnitten ist (Abb. 32). Die Mauer wird so mehrere Male von sich selbst überschnitten, was nicht im Einklang mit ihrer Eigenschaft steht, einfach Bereiche abzugrenzen. Durch die Zergliederung der Wand bricht auch das traditionelle Nachdenken über die Struktur zusammen. Das Raster (Abb. 27) erweist sich nun tatsächlich als eine Reihe dezentrierter Räume, die von ziellosen, gekreuzten Linien geschnitten werden und übersät sind von kleinen Quadraten, die aus der rechtwinkligen Struktur vertrieben wurden. Dies wird zu einer neuen Lesart der Unordnung innerhalb der Stadt selbst, eine Lesart, die sich offenbart, wenn die Autorität der Mauern, die ihre Struktur bestimmen, untergraben wird.

Mit dem symbolischen Zusammenbruch der Mauer, hervorgerufen durch die Einführung konstruktivistischer Motive verdrehter und gekreuzter Barren, wird das Untergraben jener Mauern erreicht, die ihn selbst definieren. Im Innern herrscht ein Durcheinander von gekreuzten Ebenen, gekreuzten Formen, Kontra-Reliefs, Windungen und verzogenen Formen (Abb. 28). Dieses scheinbare Chaos bildet in der Tat die Wände, die den Barren bestimmen; es ist die Struktur. Die innere Unordnung erzeugt ihn, auch wenn sie ihn spaltet, auch wenn sich an seiner Seite Risse bilden (Abb. 25).

Die scheinbar neutrale Oberfläche des vollkommenen räumlichen Körpers ist somit keine Haut, die einer chaotischen Welt standhält. Sie ist tatsächlich konstruiert, und zwar wie ein Flickenteppich aus Bruchstücken dieser Welt (Abb. 33). Die Oberfläche ist kein neutraler Schirm, der die innere, verdrehte Geometrie des Barren von der äußeren, verdrehten Geometrie der Stadt trennt: sie ist ein Nebeneffekt ihres Dialogs. Jedes der Modelle erkundet einen anderen Aspekt. Mit ihnen wird eine gewundene Geometrie errichtet zwischen den verzogenen Formen, die dem Barren innewohnen, und der Unordnung der Stadt, die der Barren nutzt. Sie gehorchen der Logik der Stadt nur deshalb, um letztere zu stören. Auf diese Weise nimmt das Projekt die Stadt in Anspruch, während es von ihr entfremdet bleibt.

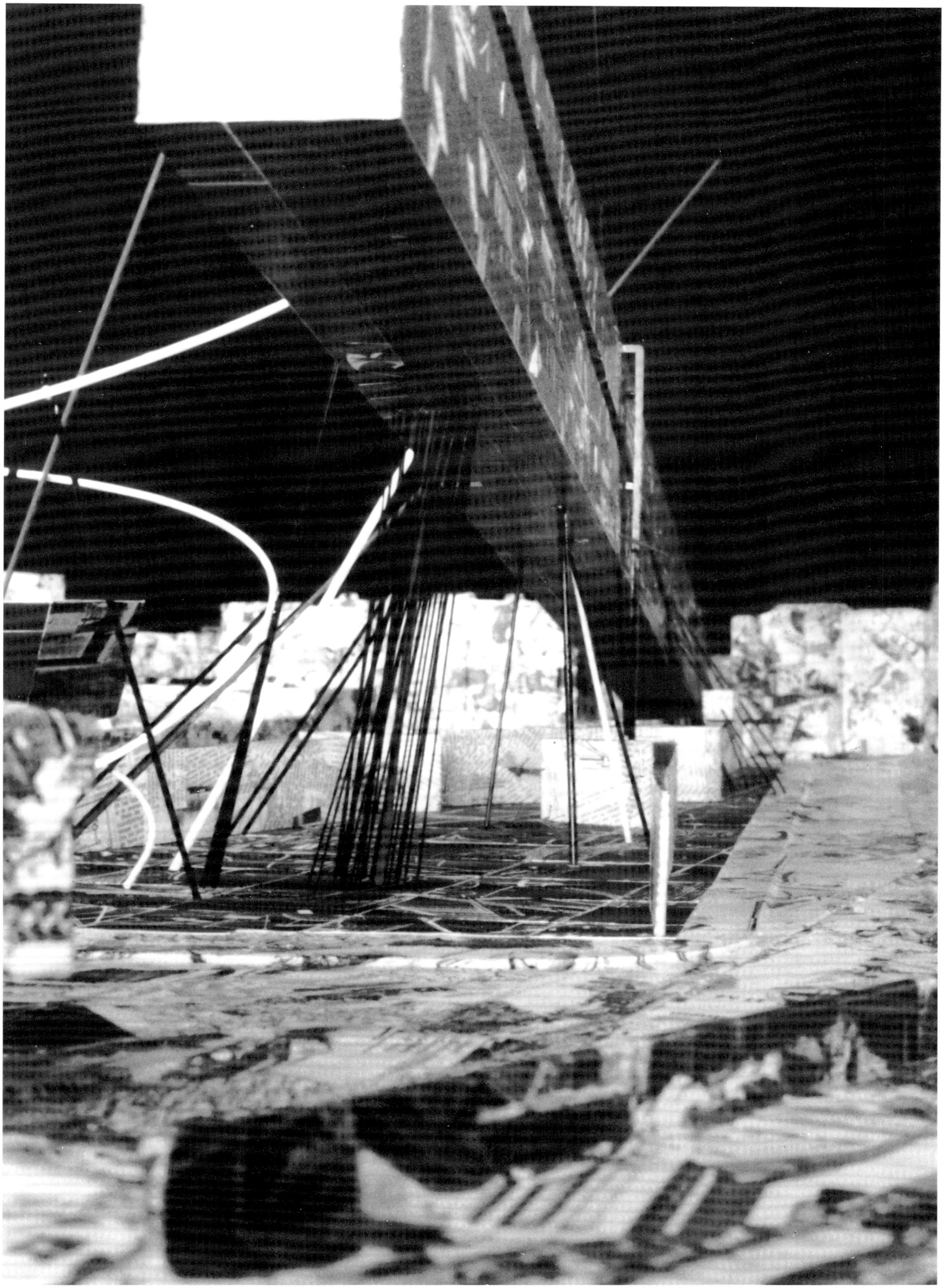

22

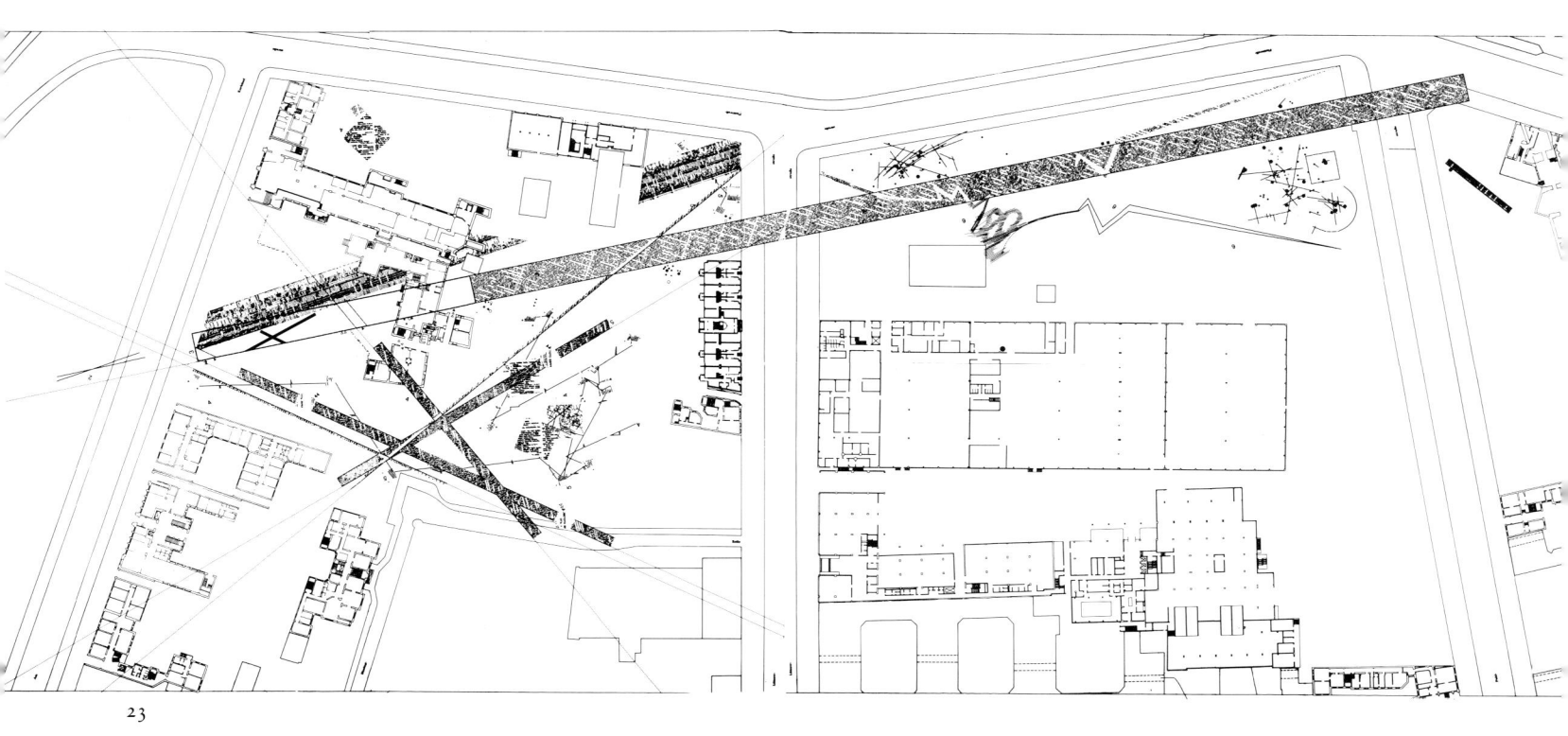

23

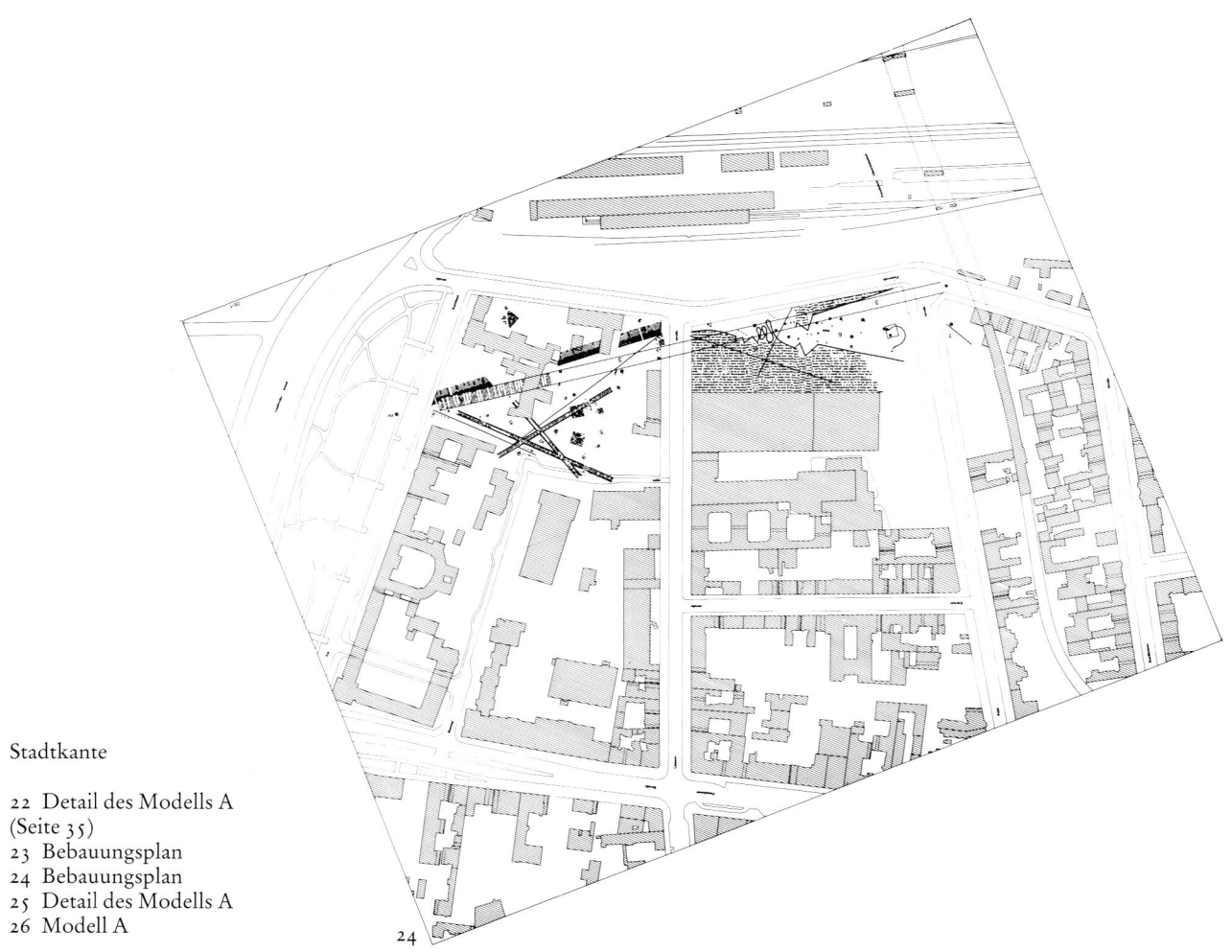

Stadtkante

22 Detail des Modells A
(Seite 35)
23 Bebauungsplan
24 Bebauungsplan
25 Detail des Modells A
26 Modell A

24

25

26

37

27 Modell A

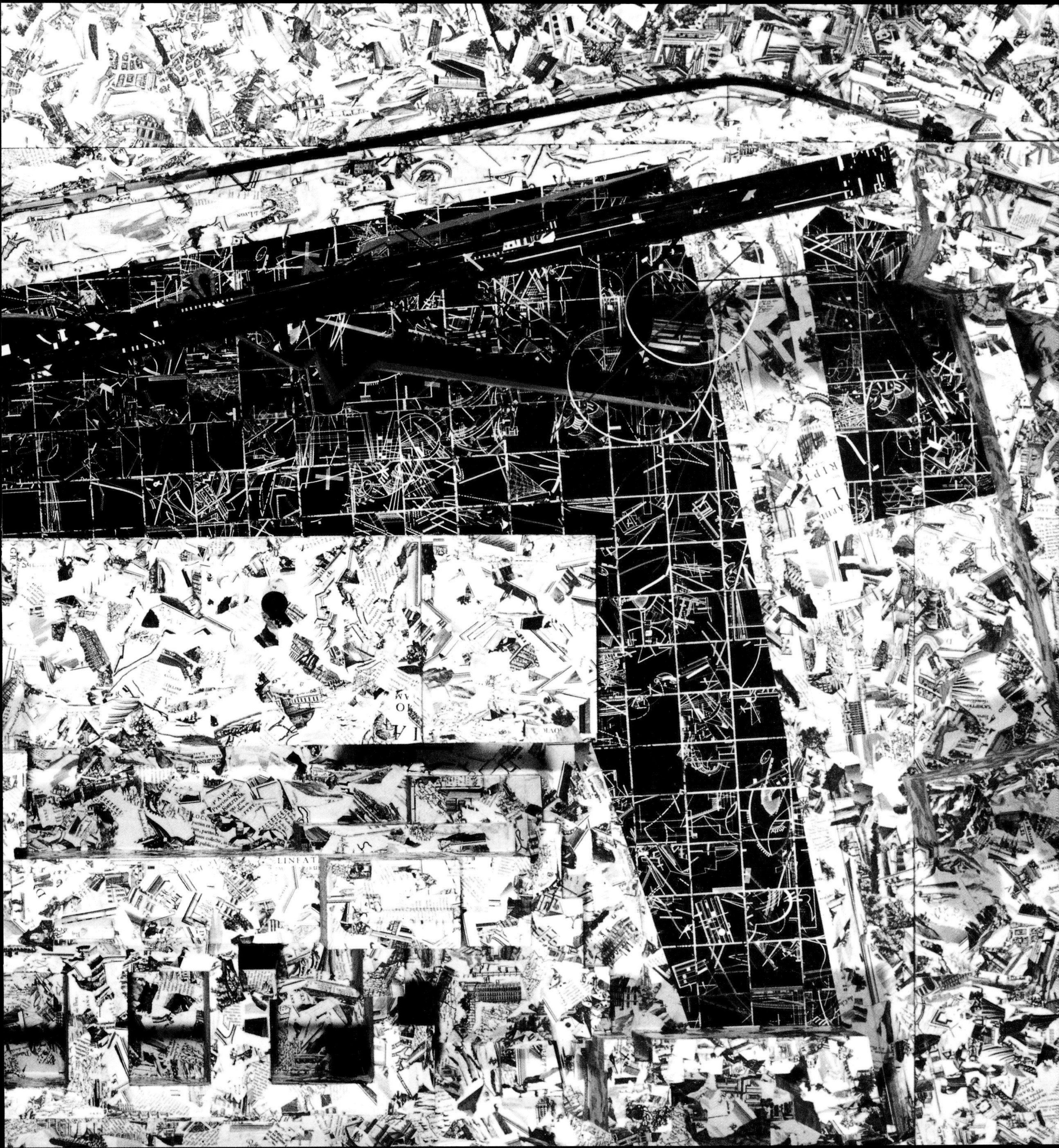

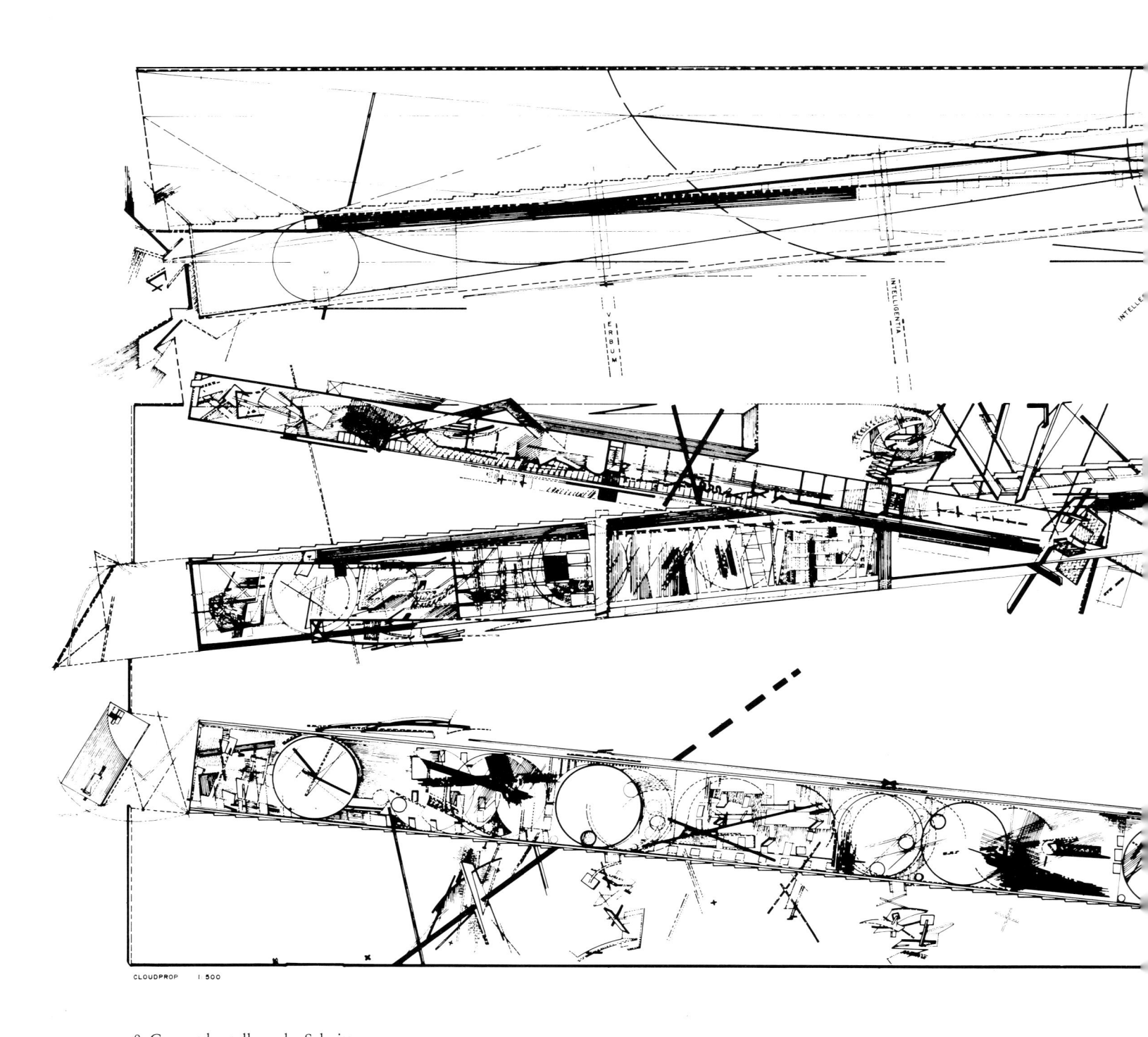

28 Gesamtdarstellung der Schnitte

CLOUDPROP 1:500

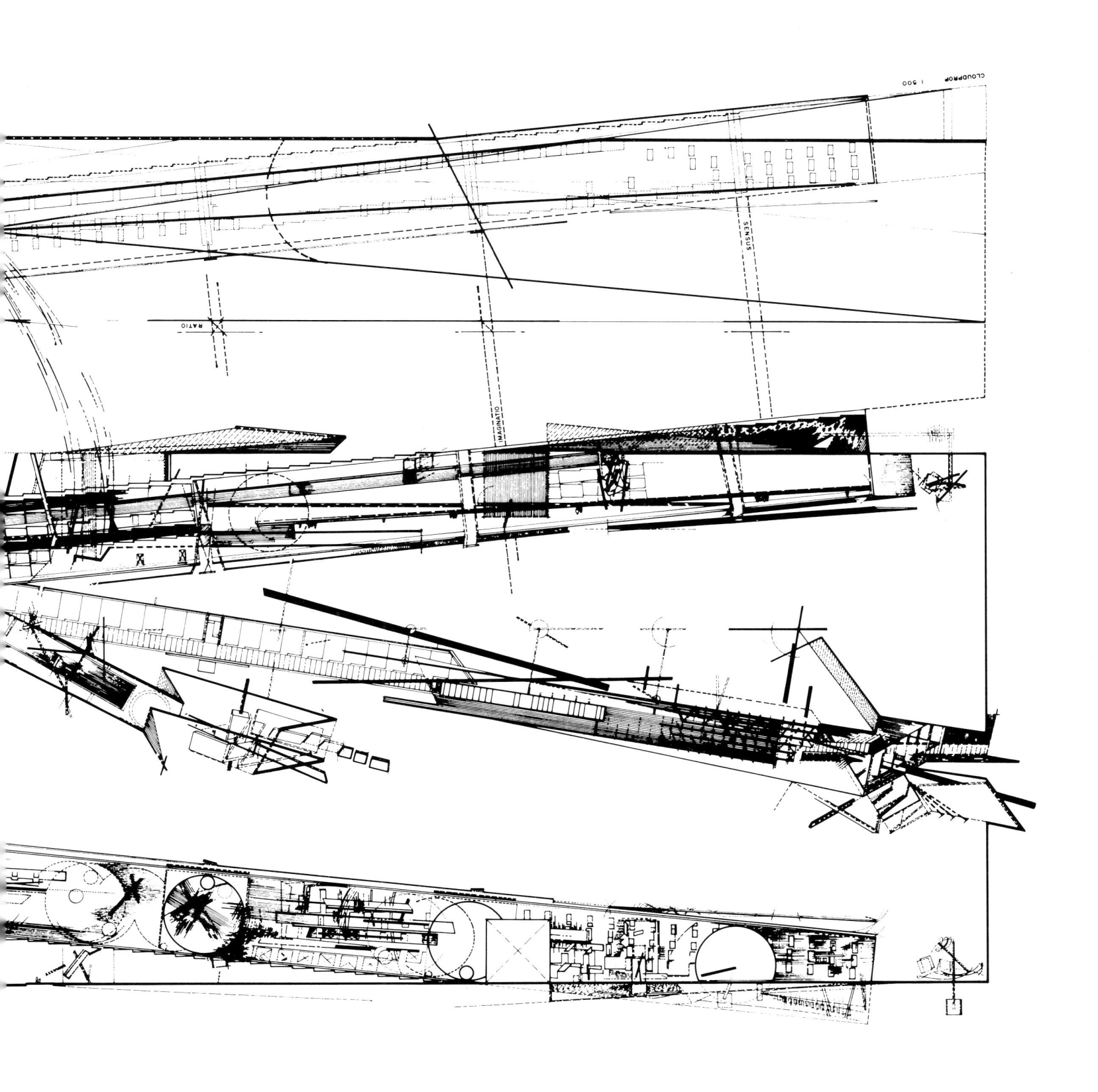

SENSUS

RATIO

IMAGINATIO

41

29 Schnitte und aufgelöste
Axonometrie der Struktur
und der Verbindungswege
30, 31 Horizontalschnitt,
zwei Ansichten

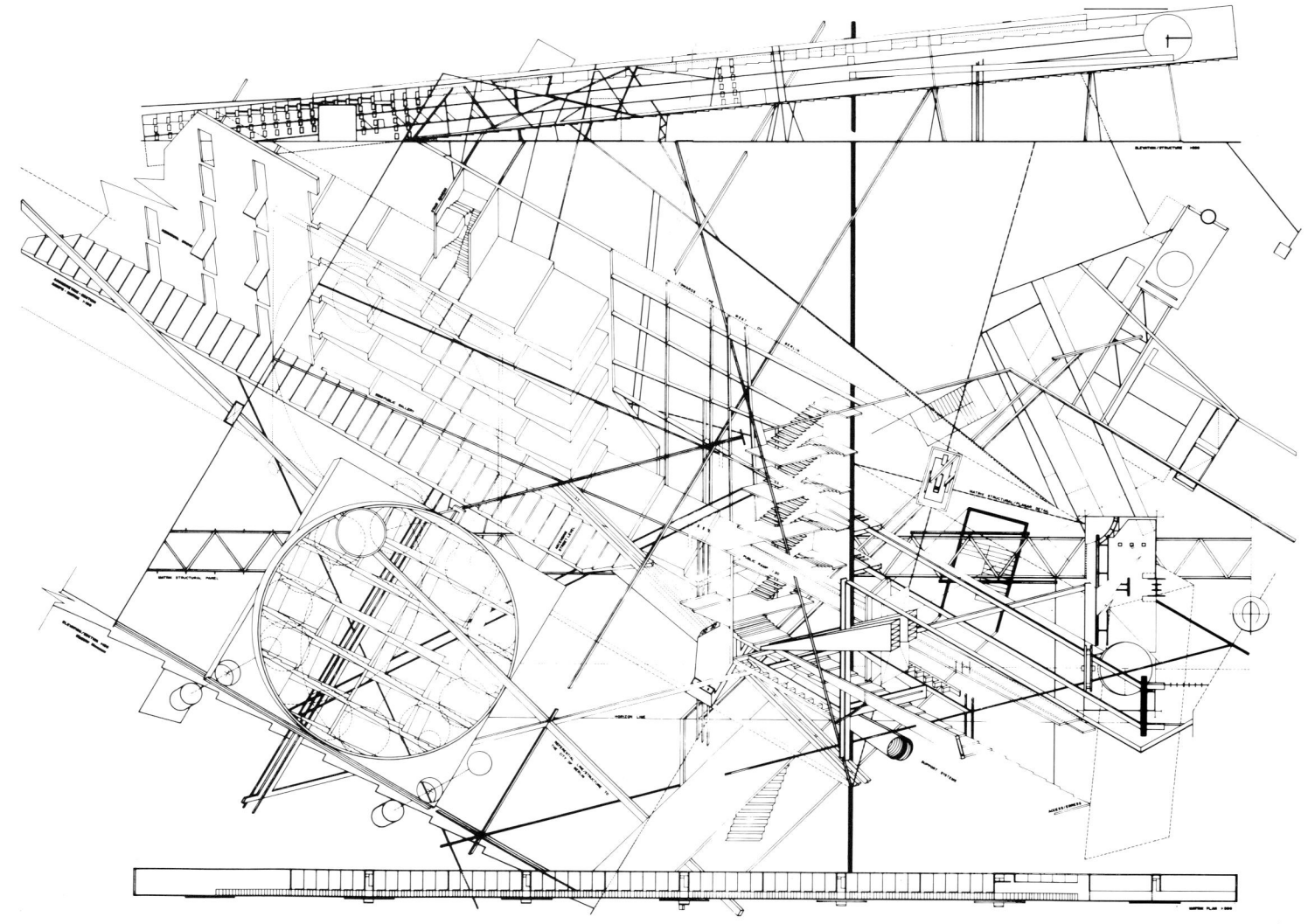

30

31

32

33

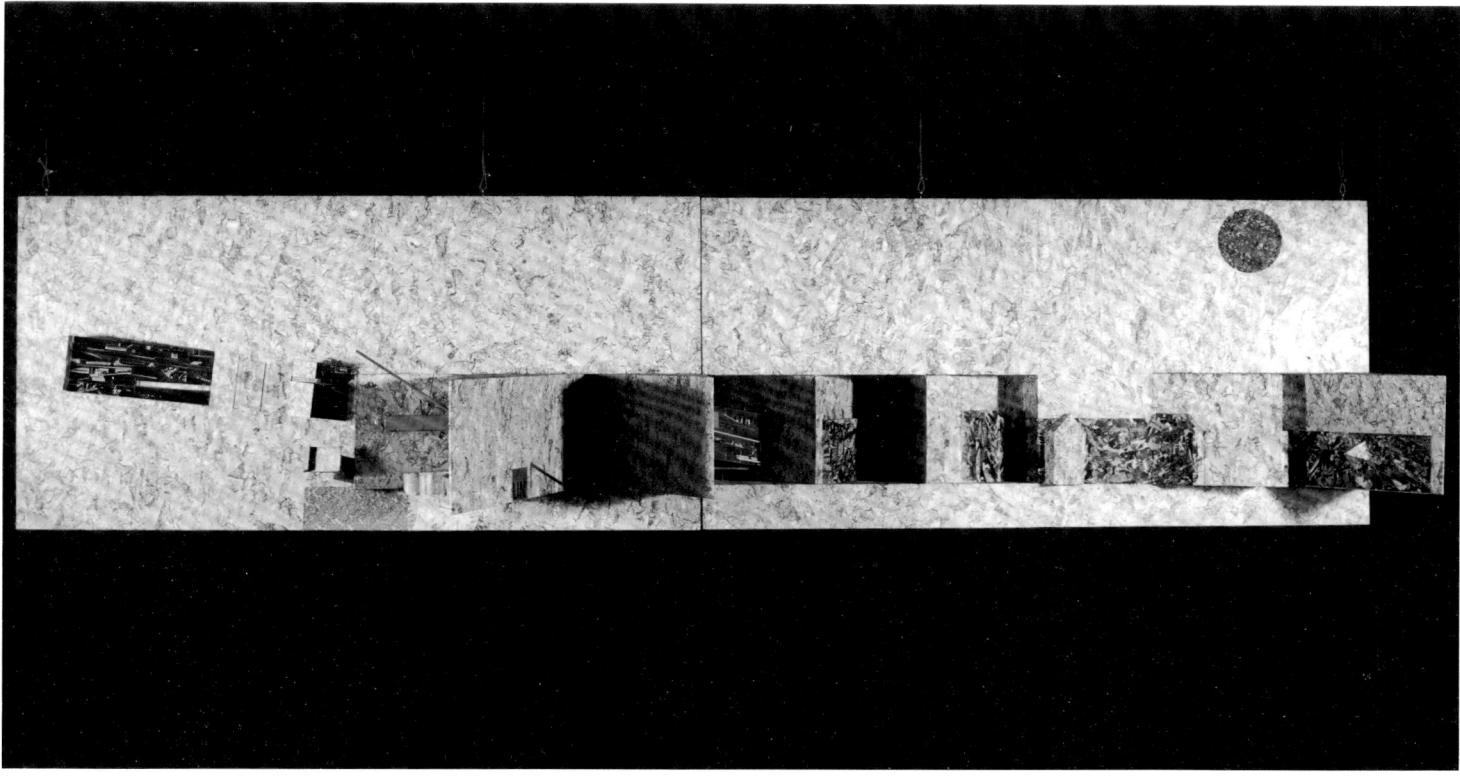

32 Modell B
33, 34 An der Wand
hängendes Modell,
zwei Ansichten

34

Rem Koolhaas
Office for Metropolitan Architecture

Geboren 1944 in Rotterdam
Sitz in Rotterdam

Mietshaus und Aussichtsturm.
Rotterdam. 1982
Partner: Stefano de Martino, Kees Christaanse

Das Projekt für Rotterdam stellt ein vielgeschossiges Mietshaus dar, dessen Erdgeschoß öffentliche Einrichtungen, so einen Kindergarten und eine Schule, aufnimmt und dessen Dachgeschoß eine Straße im Himmel bildet, an der ein Hotel mit Club, Gesundheitszentrum und Schwimmbad liegt. Das Gebäude befindet sich auf einer schmalen Landzunge zwischen der Maas und einem parallel verlaufenden Kanal, auf einer Art Niemandsland also, das von der Stadt abgeschnitten ist und von einer Hauptverkehrsstraße gekreuzt wird (Abb. 36).

Der Zustand des Gebäudes schwankt rätselhaft zwischen einem einzigen schmalen Block, einem homogenen Monolithen, der aber durch eine Reihe von Türmen verformt wird, und einer Reihe von getrennten Türmen, die durch den Block verformt werden. Vom Fluß aus (Abb. 40) erscheint das Ganze wie eine Reihe massiver Türme, die gegen einen gläsernen Horizont gesetzt sind; von der Stadt aus (Abb. 39) wie eine steinerne Scheibe, der Glastürme angefügt wurden.

Der Kampf zwischen Türmen und Scheibe öffnet Risse, entweder als enger Schlitz, großes Loch oder völlige Leere. Sooft diese Risse auftauchen, sooft die Haut abgezogen oder die Volumen durchlöchert werden, offenbart sich ein System schwebender Fußbodenniveaus. Überall fungieren starke horizontale Linien als Größen, gegen welche Scheibe und Türme anspielen. Alles verschiebt sich – außer diesen Linien: jede Oberfläche, jeder Abschnitt, jeder Grundriß ist anders. Sogar zwischen den Türmen entstehen Spannungen, zusätzlich zu jenen zwischen Scheibe und Türmen. Jeder der Türme steht in einem anderen Winkel zu der Scheibe: einige kippen nach hinten, andere werden festgehalten, wieder andere winden sich weg und einige haben sich freigekämpft.

Am einen Ende der Scheibe beginnt ein rein rechteckiger Turm sich zu lösen (Abb. 35), am anderen ist ein winkliger Turm mit offener Stahlkonstruktion völlig freigekommen (Abb. 44). Er ist entstanden, indem eine alte Brücke an dieser Stelle teilweise übernommen und so aufgerichtet wurde, daß ein verformter Turm entstand (Abb. 41). Zwischen beiden Türmen – dem hoch-modernistischen und dem winkligen konstruktivistischen – schwebend, wird die Scheibe zum Schauplatz einer radikalen Infragestellung des Modernismus. Sie wird gesehen als etwas, das beides, die Stabilität des einen und die Instabilität des anderen, erzeugt. Doch der Status dieser Scheibe wird noch stärker in Zweifel gezogen, da beide Türme, die mit ihr zusammenhängen, genauso sehr aus dem Kontext als eben aus der Scheibe selbst hervorgehen. Die Identität des Modernismus wird unfaßbar; seine Grenzen sind nicht mehr deutlich.

35

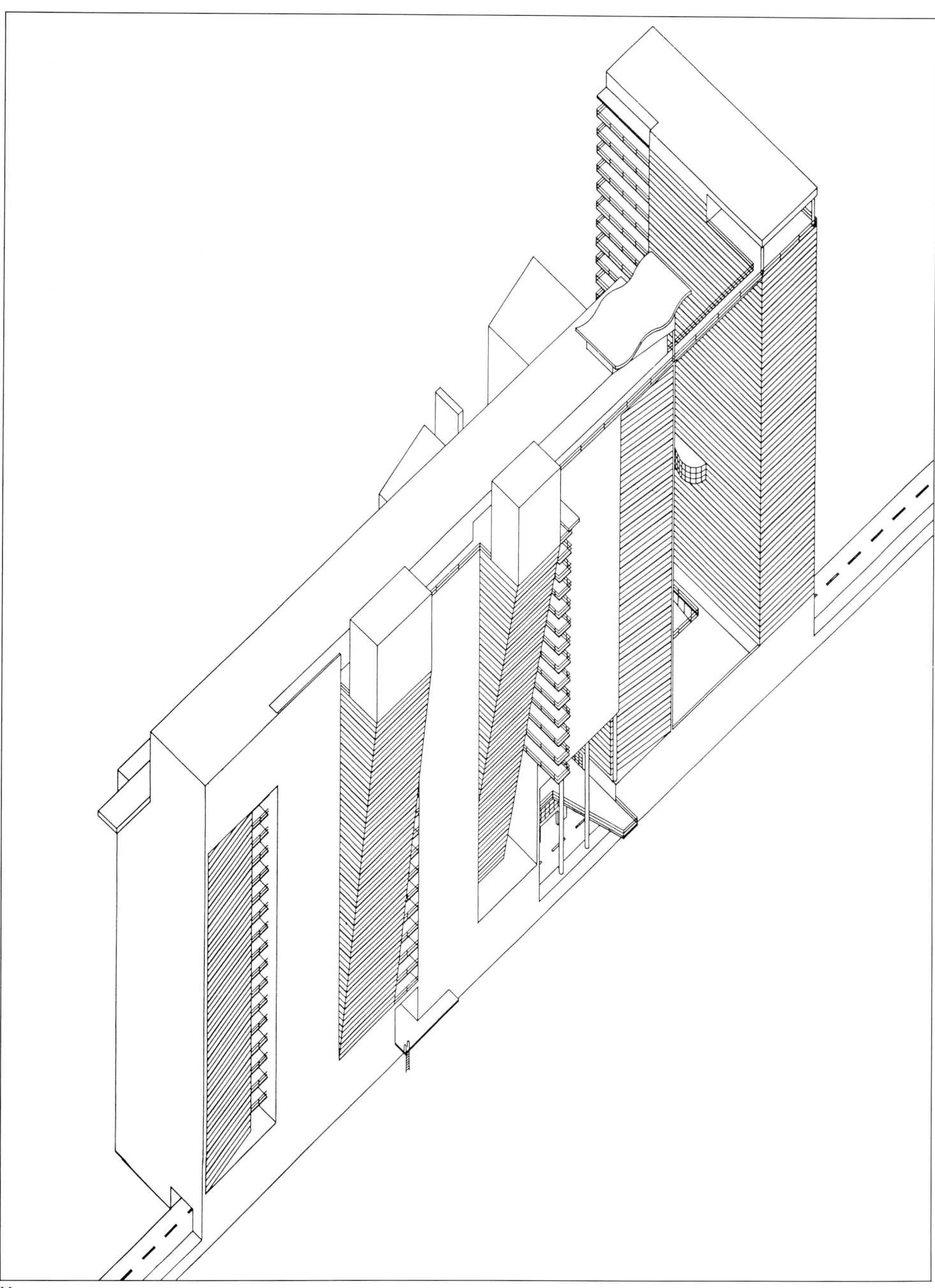

Mietshaus und Aussichtsturm

35 Axonometrie, von der Stadtseite (Seite 47)
36 Isometrisches Triptychon, Rotterdam. 1982

36

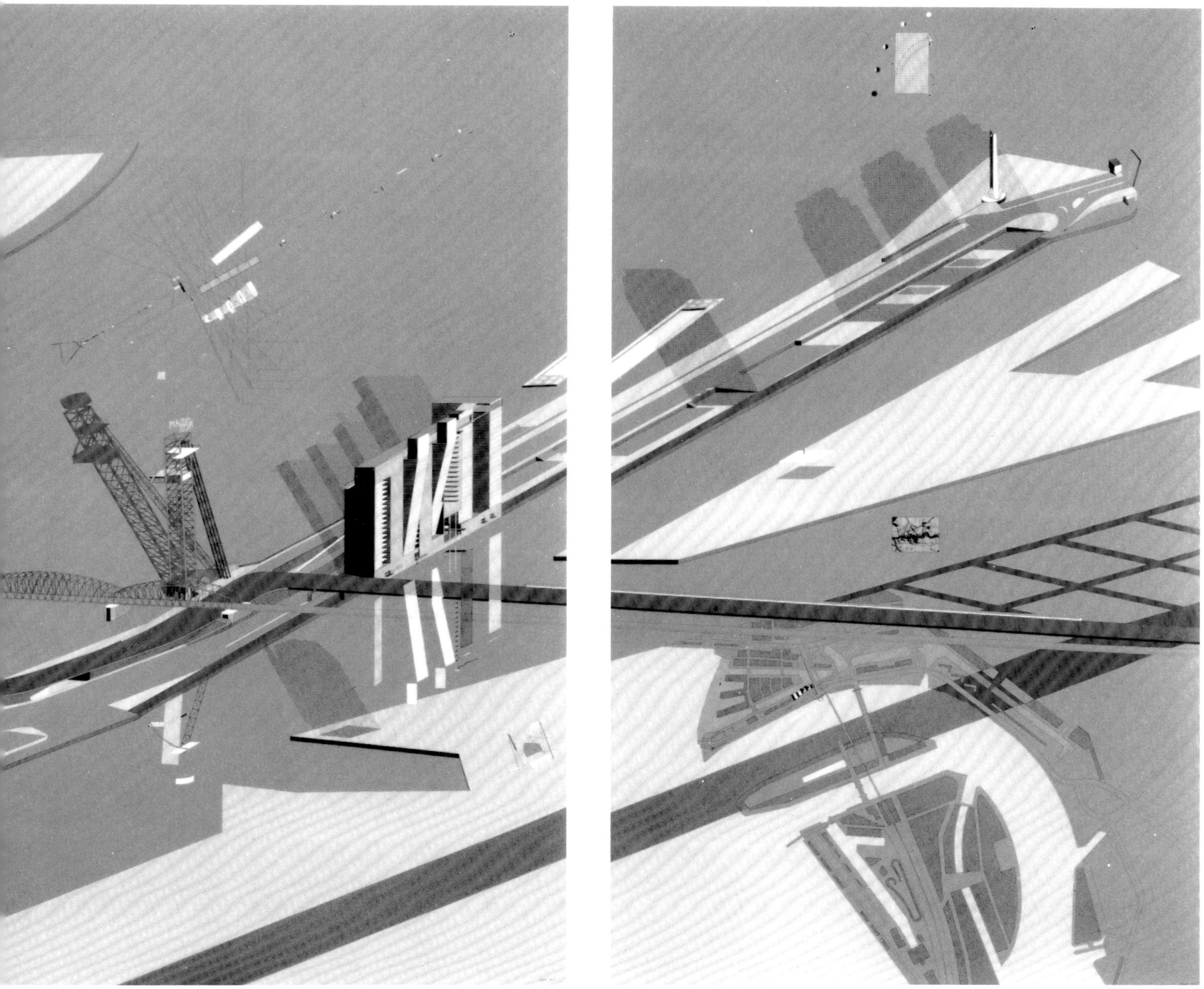

37

37 Ausführungsmodell
38 Experimentiermodell
39 Axonometrie, von der Stadtseite
40 Axonometrie, von der Flußseite

38

39

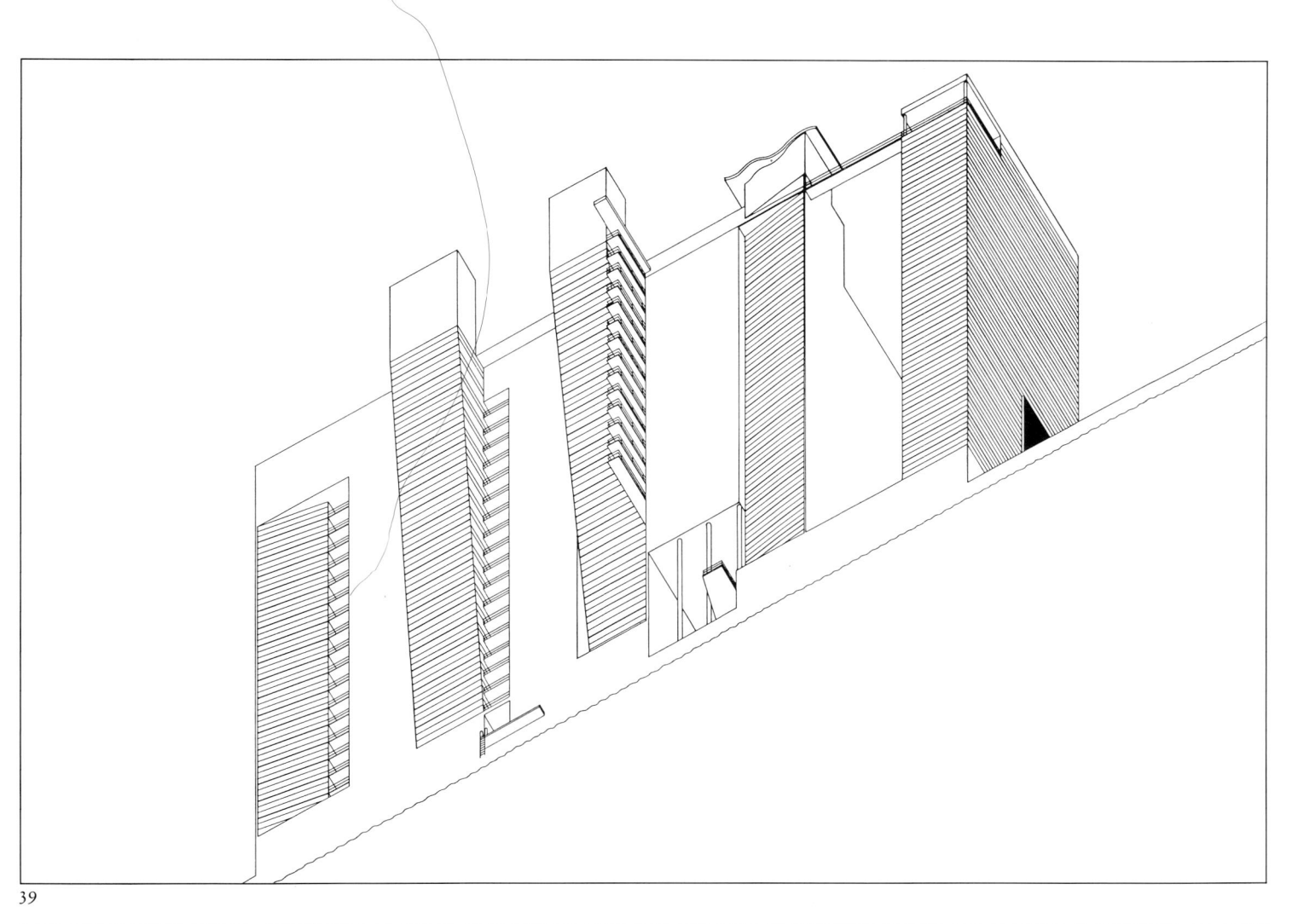

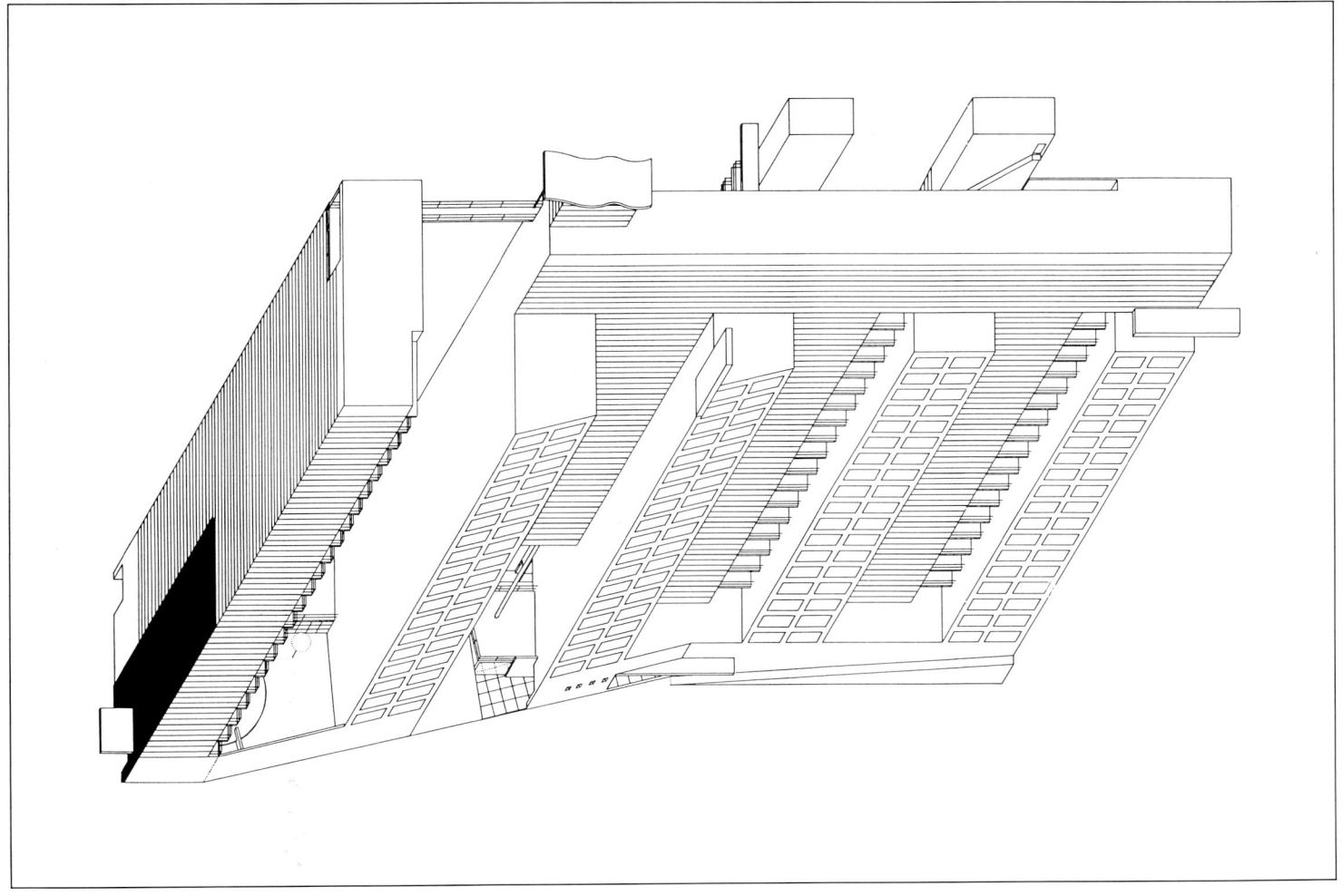

40

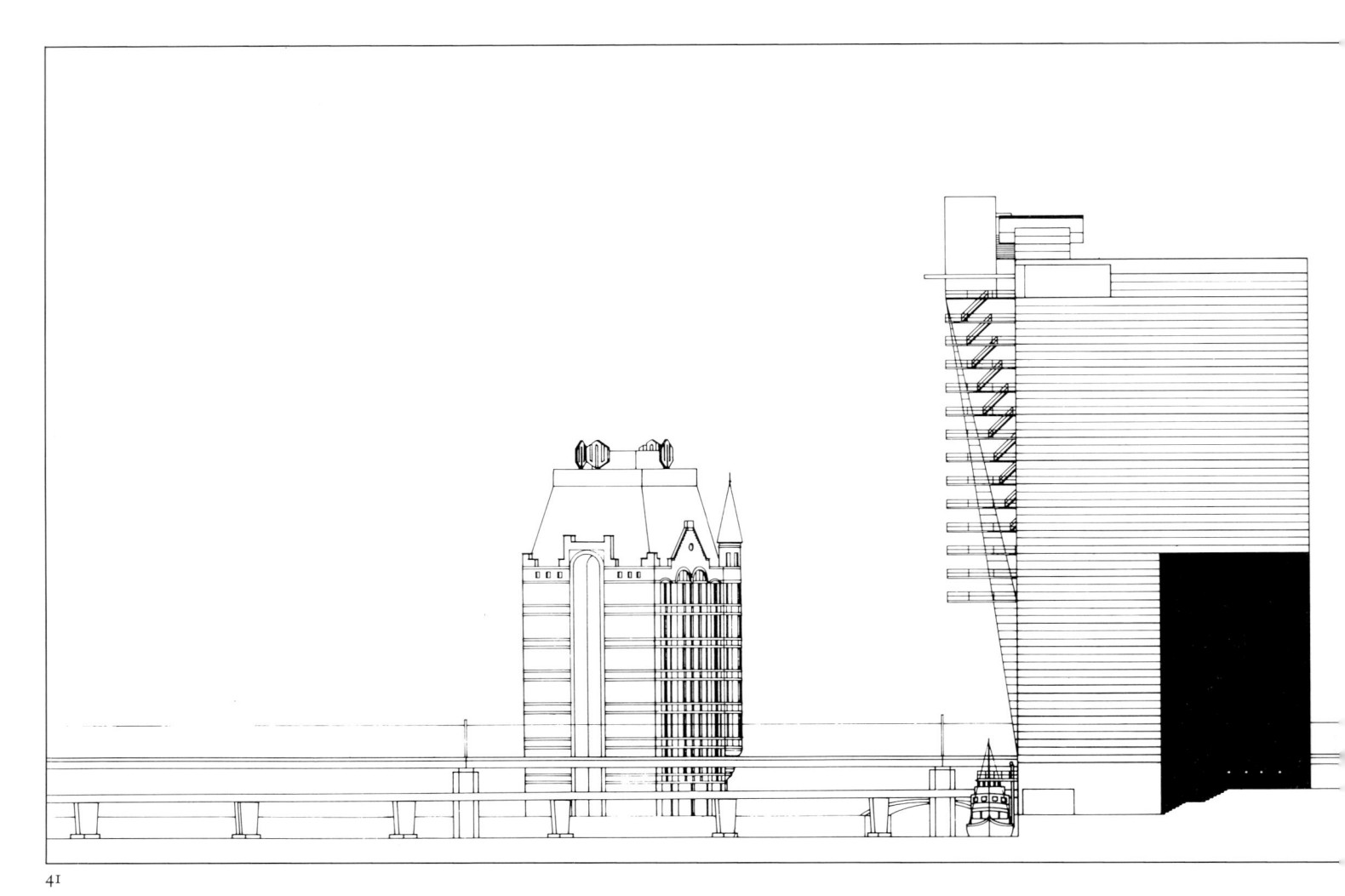

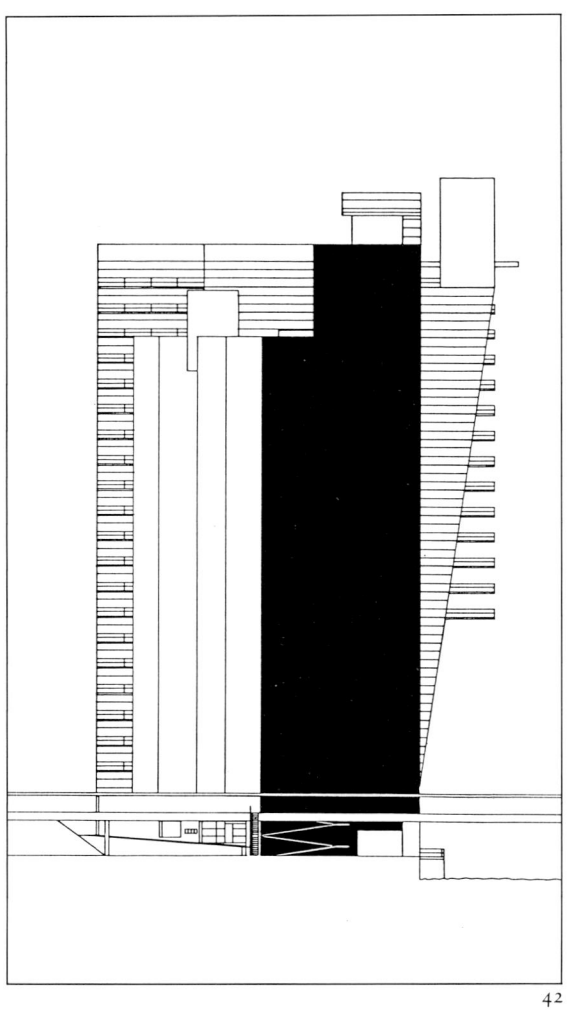

41 Westansicht im städtebaulichen Kontext
42 Ostansicht
43 Perspektive, von der Flußseite

43

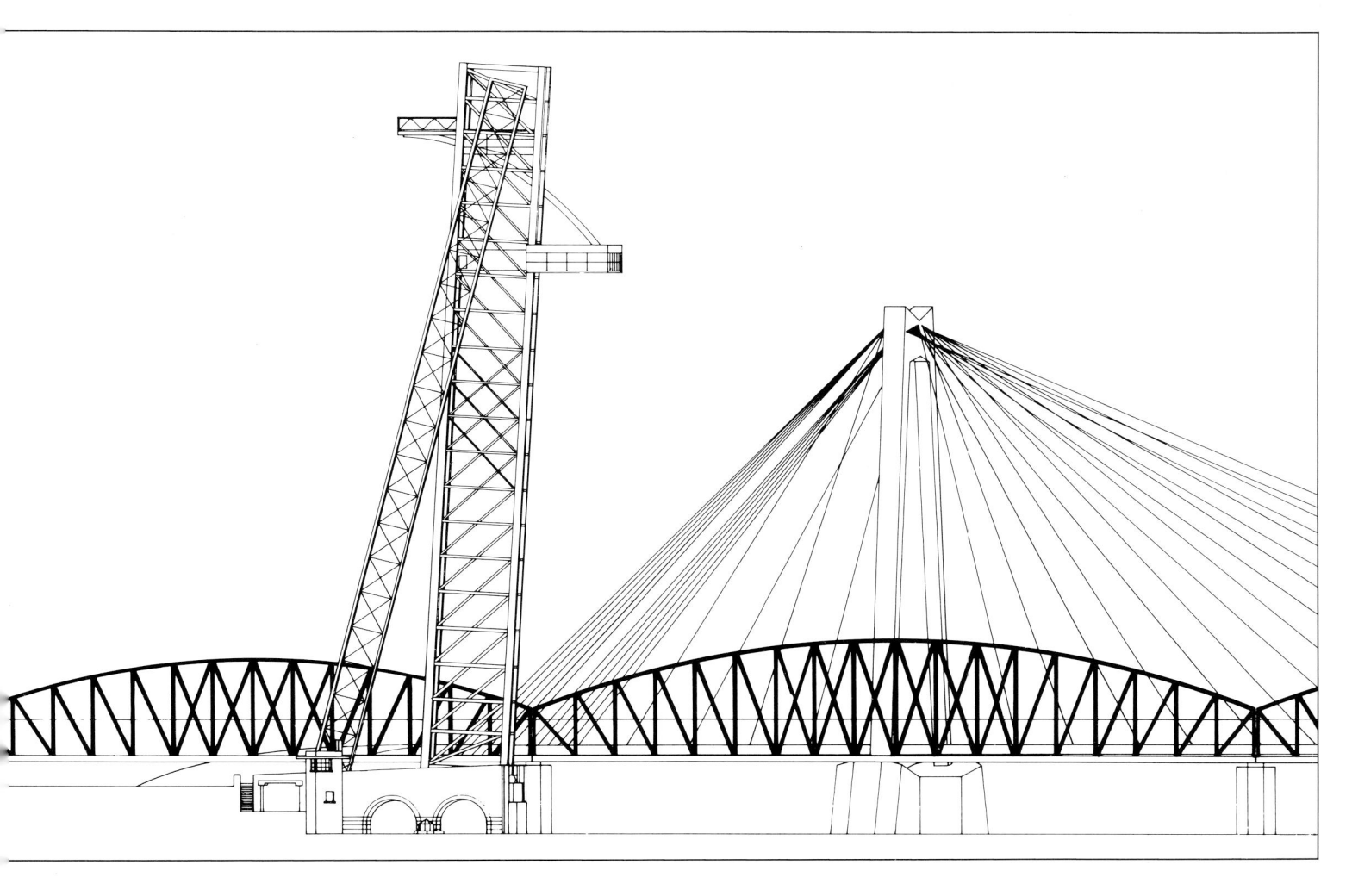

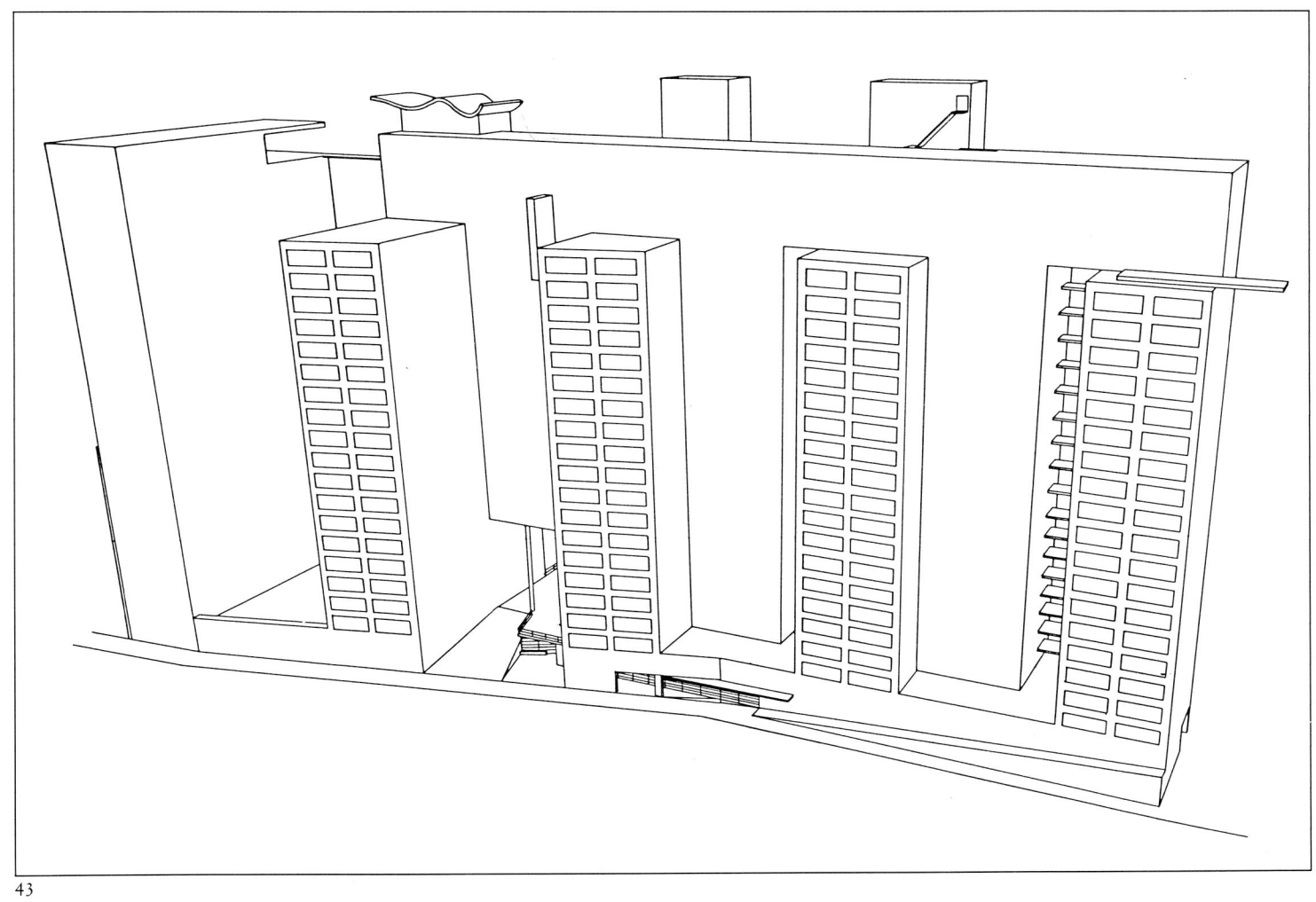

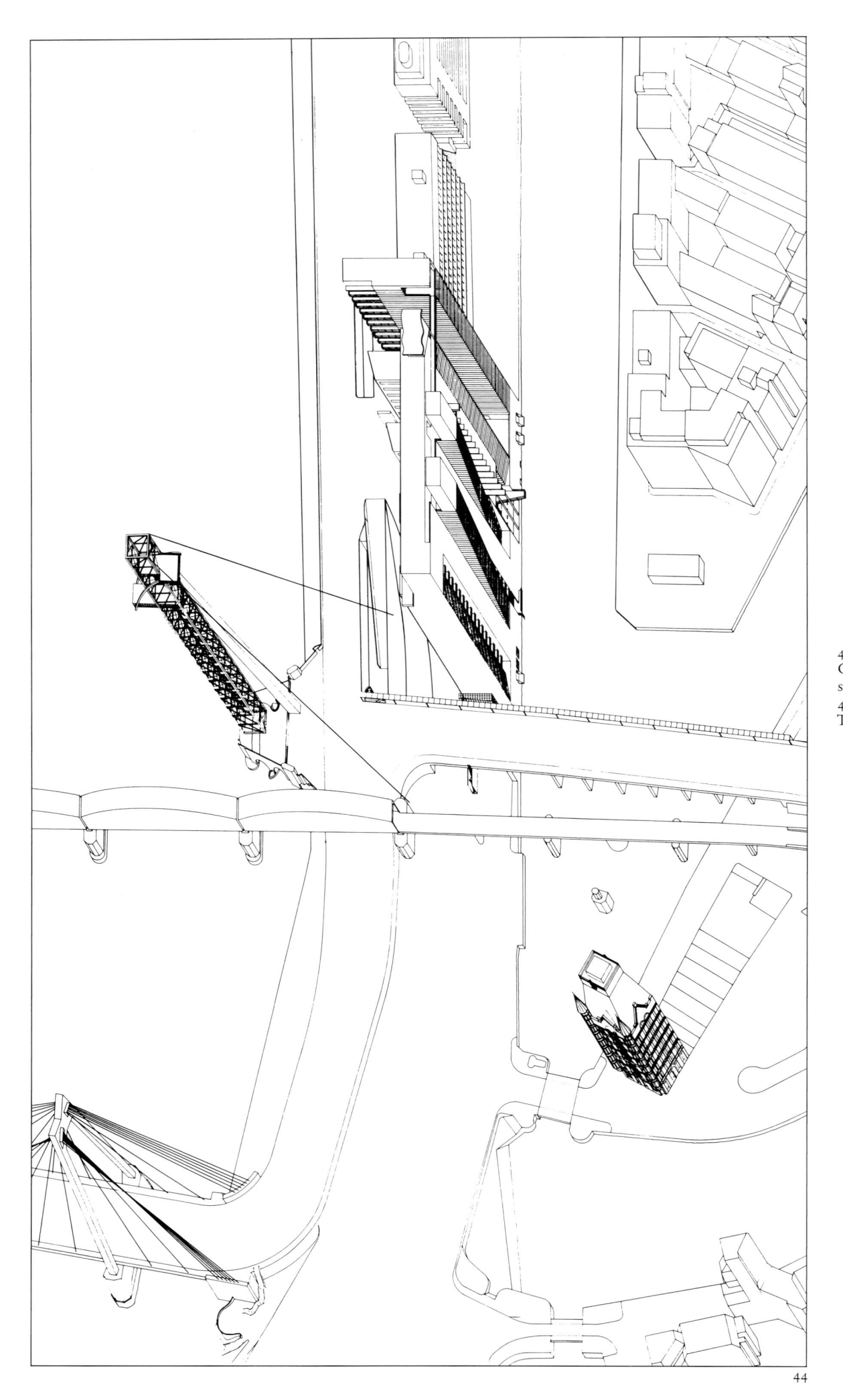

44 Axonometrie von
Gebäude und Turm im
städtebaulichen Kontext
45 Axonometrie des
Turmes

45

Peter Eisenman
Eisenman Robertson Architects

Geboren 1932 in Newark, New Jersey
Sitz in New York

Biozentrum für die Universität Frankfurt.
Frankfurt am Main. 1987
Erhielt den Sonderpreis des Internationalen Wettbewerbs für das Biozentrum. 1987
Partner: Thomas Leeser
Künstler: Michael Heizer
Planungsteam: Hiroshi Maruyama, David Biagi, Sylvain Boulanger, Ken Doyno, Judy Geib, Holger Kleine, Christian Kohl, Greg Lynn, Carlene Ramus, Wolfgang Rettenmaier, Madison Spencer, Paul Sorum, Sarah Whiting, David Youse
Technische Einrichtung: Augustine DiGiacomo (Jaros, Baum and Bolles)
Bautechnik: Robert Silman (Silman Associates)
Landschaftsarchitekt: Laurie Olin (Hanna-Olin)
Farbberater: Robert Slutzky

Das Projekt ist ein Zentrum für biologische Grundlagenforschung an der Universität Frankfurt. Seine Anlage beruht auf der symmetrischen Verteilung einzelner Laboratorien entlang eines Rückgrates. Die Achse (Abb. 55) ist ein einzelner eingezwängter Baum – ein langer, transparenter Balken, von Brücken gekreuzt, der als zentraler Verbindungs- und Kommunikationsraum dient.
Die Einheiten, die von diesem Rückgrat ausstrahlen, sind grundlegende modernistische Blöcke, rationale Einheiten, durch ein rationales System organisiert. Jedem von ihnen ist die Form einer der vier Gestalten gegeben, die Biologen als Code benützen, um grundlegende biologische Prozesse zu beschreiben (Abb. 47). Der graphische Code der Biologen nimmt architektonische Form an, wird zu eben der Struktur des Projektes. Doch diese Kreuzung von modernistischer Abstraktion und einem beliebigen figurativen Code, der als Grundform fungiert, wird dann zunehmend verzerrt, um die funktional spezifischen sozialen und technischen Räume bereitzustellen. Die Verzerrung erfolgt durch systematisches Zufügen weiterer Räume auf eine Weise, die aggressiv ist – neue Räume, die aus demselben System von vier Grundformen hervorgehen. Sie werden an die Grundform angefügt – sowohl als feste Körper im Raum wie als Lücken, die in den Grund eingegraben sind –, so daß sie deren Konfiguration in Frage stellen, indem sie die Formen einerseits (Abb. 49) und die Achse, die sie organisiert, andererseits stören (Abb. 48).
Das Ergebnis ist ein komplizierter Dialog zwischen den Grundformen und ihren Verzerrungen. Eine Welt instabiler Formen tritt aus dem Inneren der stabilen Strukturen des Modernismus hervor. Und diese sich vermehrenden Formen stoßen so aufeinander, daß eine Reihe von Beziehungen entsteht: Manchmal gibt es keinen Konflikt, wenn eine Form sich über oder unter eine andere legt; manchmal wird eine Form einfach in eine andere gebettet; manchmal frißt sich eine Form in eine andere hinein; manchmal sind beide Formen gestört, und es entsteht eine neue. Das Projekt wird zu einem komplizierten Austausch zwischen Körper, Leere und Duchlässigkeit.
Dieses Projekt nimmt auch den Kontext in Dienst, indem es die Ecke eines U-Bahn-Schachtes ausnutzt, der sich bereits an der Stelle befand. Die Ecke wird dazu benutzt, das Gebäude zu organisieren, aber auch dazu, es zu stören. Unterirdisch zerbricht sie das Gebäude, das sie bedient (Abb. 56); oberirdisch wird sie zu einer Dienststraße, die wiederum von dem Gebäude unterbrochen wird (Abb. 59). Das läßt den Status beider im unklaren.
Dieselbe verwickelte Beziehung besteht zwischen dem Gebäude und Michael Heizers *Geschleifte Masse No. 3* – einem riesigen, abgesonderten Fels, der über den Platz geschleift wurde und dabei einen glatten Graben hinterließ (Abb. 50 – 54). Die Masse unterhöhlte das Gebäude und wird nur durch einen abstrahierten Schutthaufen aufgehalten, den die Straße des Architekten schneidet. Eine enge Zusammenarbeit zwischen Künstler und Architekt nimmt hier die Form eines Duells an: Jeder arbeitet im selben Maßstab; jeder verunstaltet die Arbeit des anderen. Kunst ist nicht mehr etwas, das in einem architektonischen Projekt einen abgesonderten Platz zugewiesen bekommt oder das von ihm absorbiert wird. Vielmehr wetteifern Kunst und Architektur unter denselben Bedingungen; jeder Bereich trägt zur Form des anderen bei, auch wenn er sie verzerrt. Zwischen ihnen ist der traditionelle Gegensatz von Abstraktion und Figuration unterhöhlt. Es ist nicht mehr möglich, strukturelles Arbeiten von ornamentalem Spiel zu trennen.

57

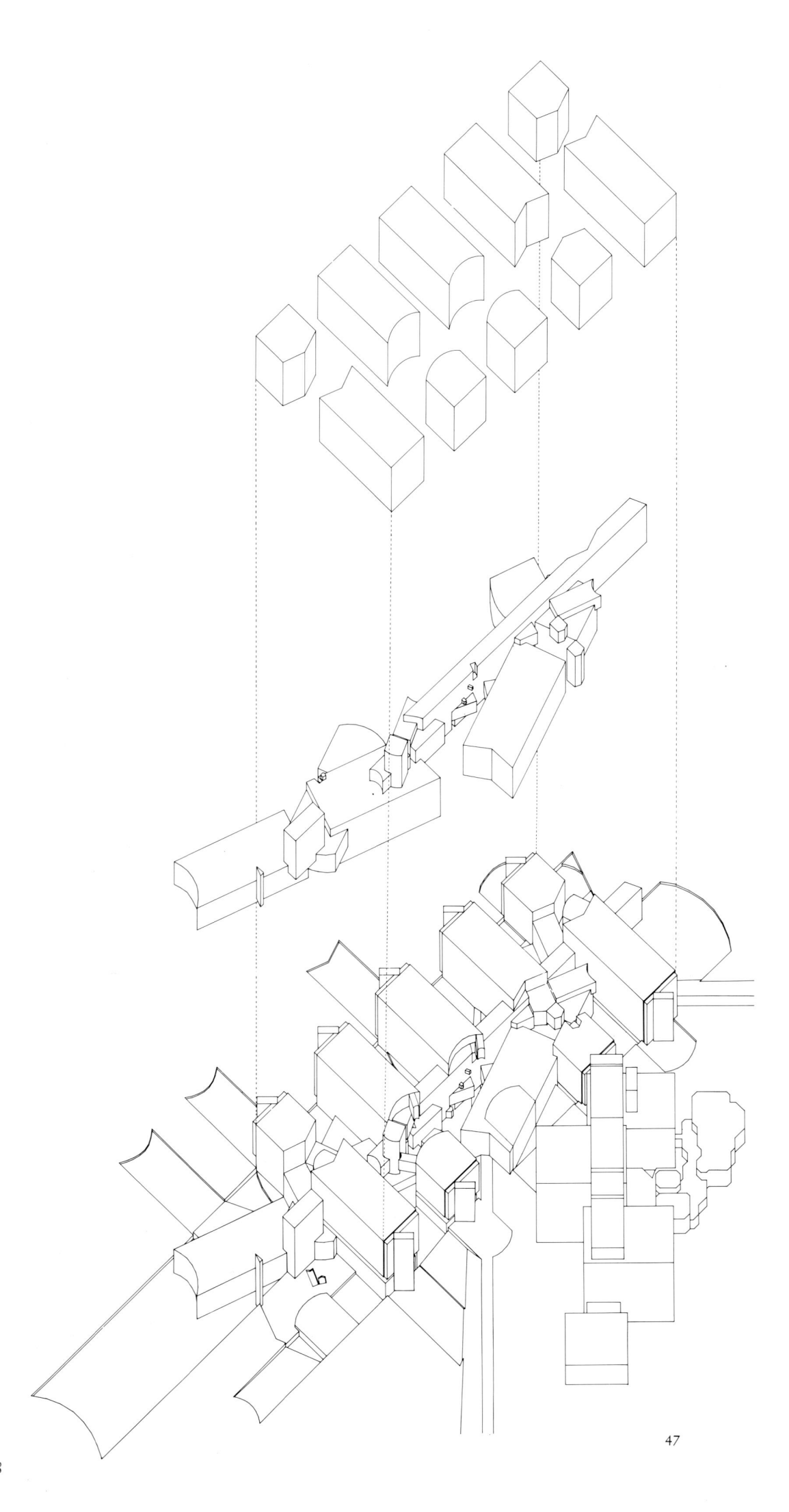

Biozentrum

46 Modell A (Seite 57)
47 Aufgelöste Axonometrie: Grundelemente, Verbindungsachse und Gesamtkomplex
48 Experimentiermodell der Verbindungsachse
49 Experimentiermodell des Hauptkomplexes

48

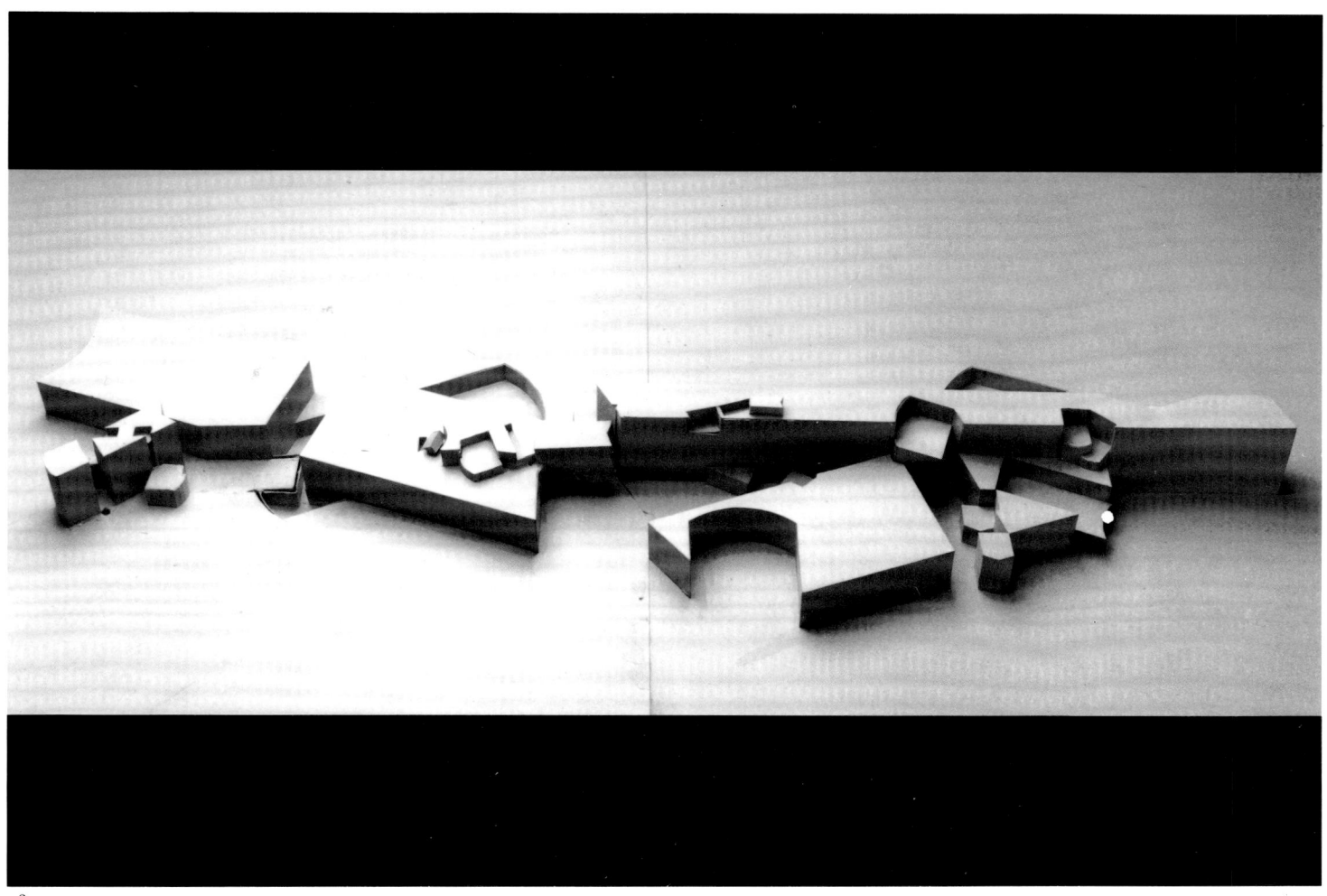

49

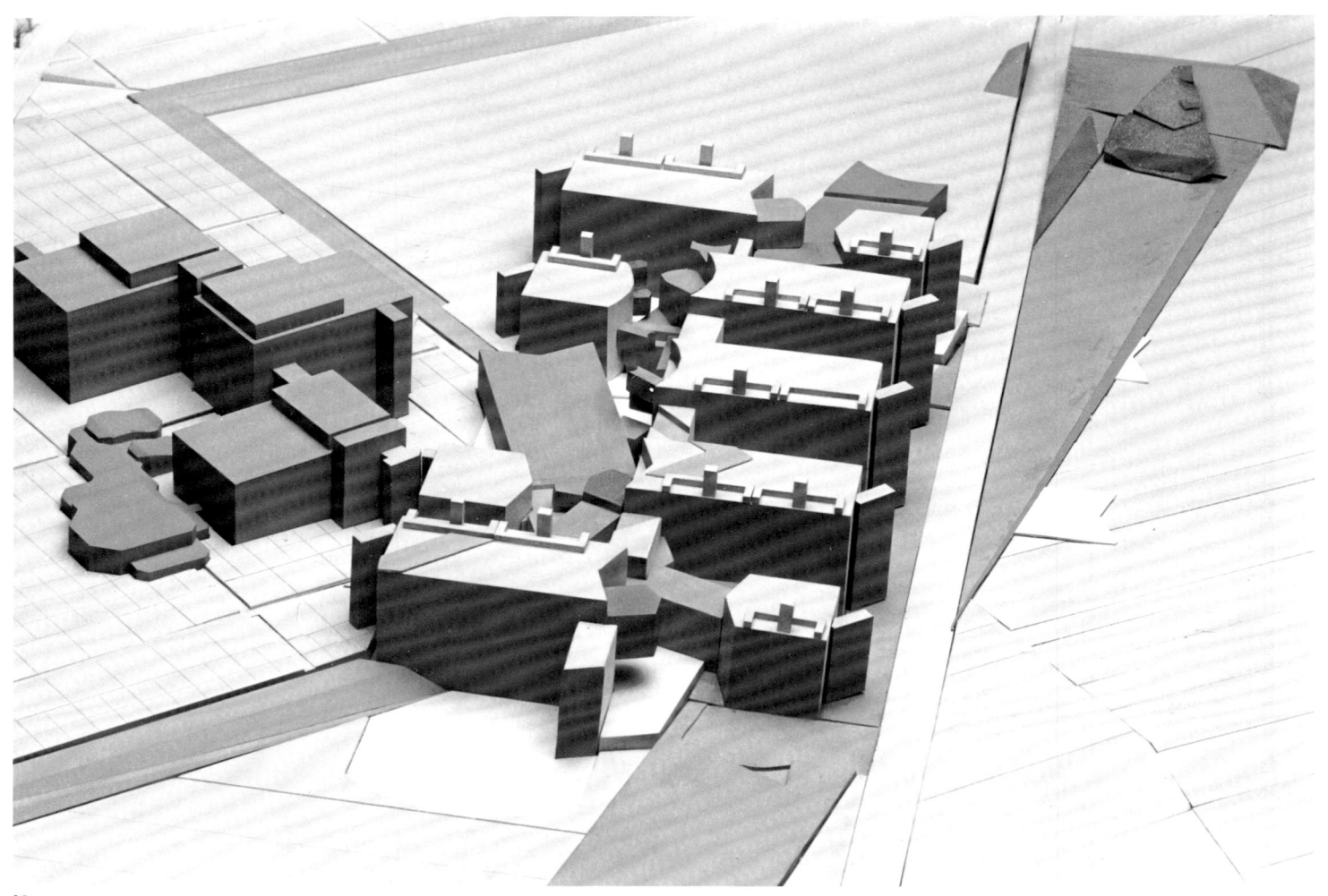

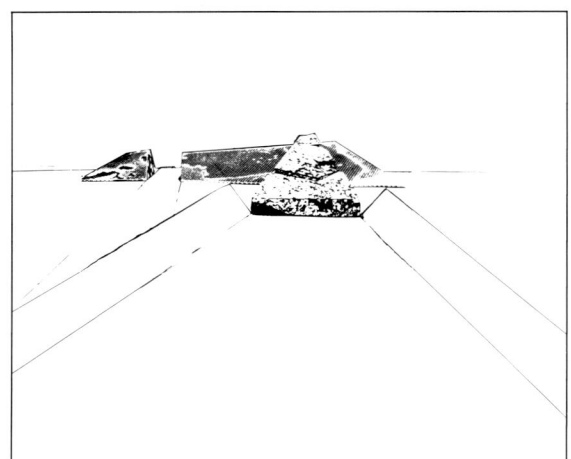

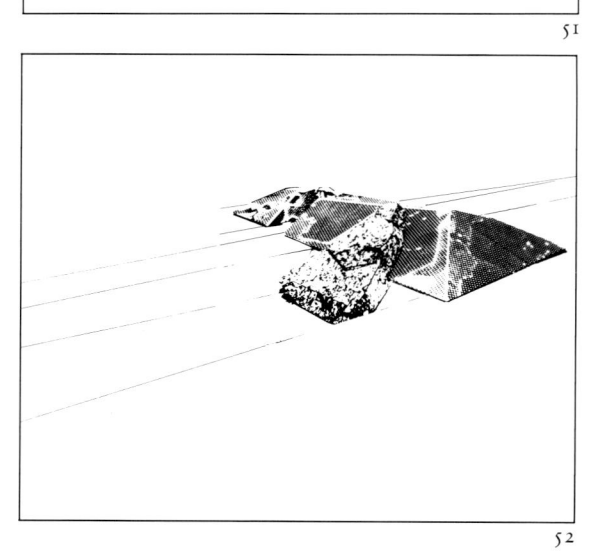

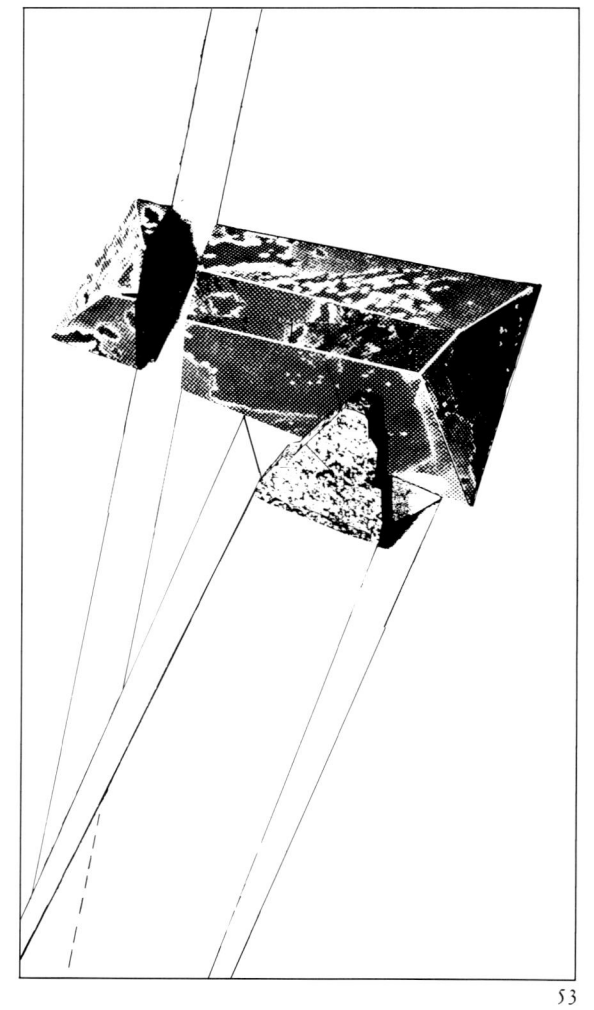

50 Modell B
51–53 Michael Heizer.
Untersuchungen zum
Modell der *Geschleiften
Masse No. 3.* 1987
54 Bebauungsplan

54

55 Modell A

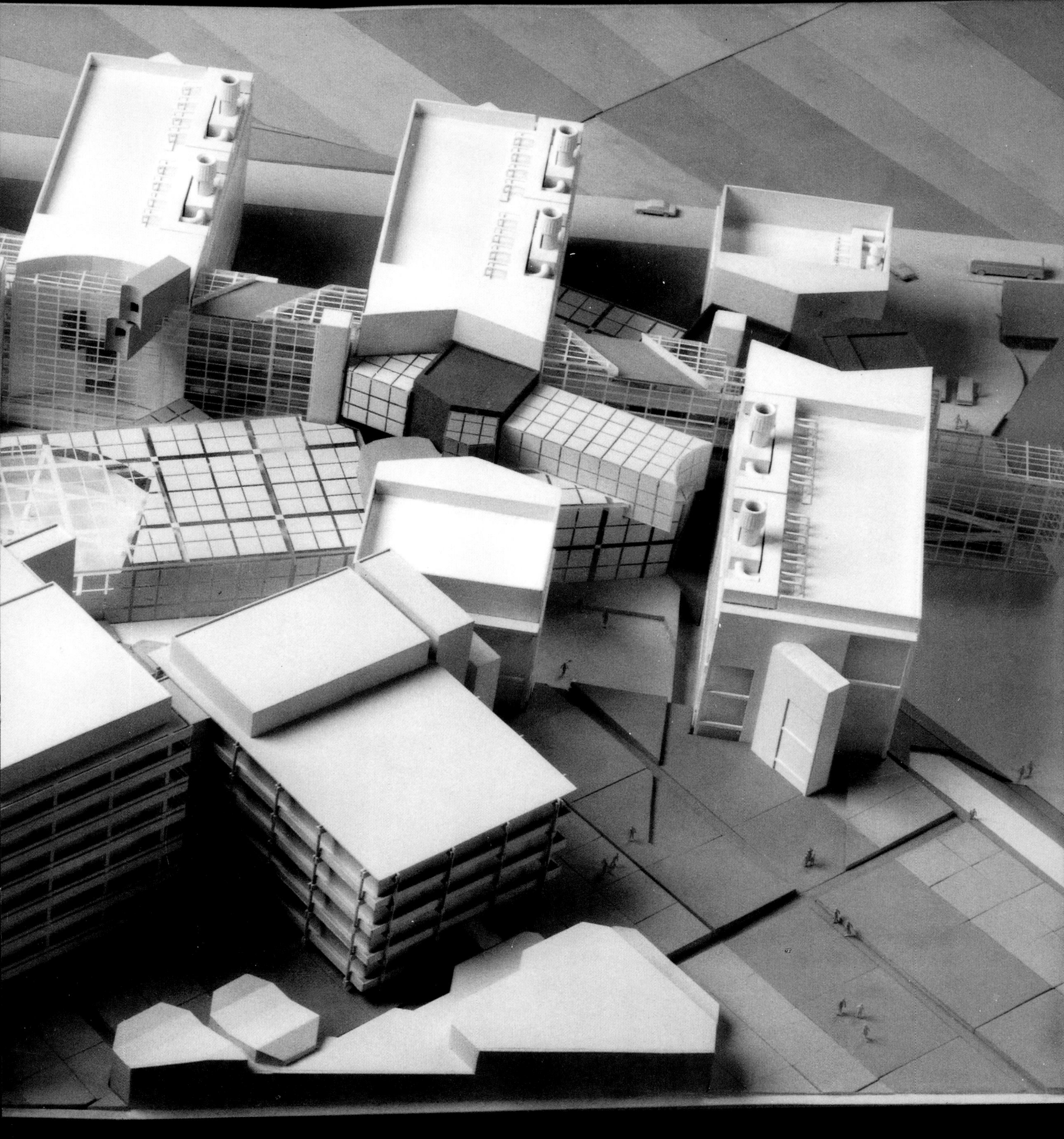

56 Untergeschoß
57 Dachgeschoß
58 Erster Stock
59 Erdgeschoß
60 Zweites Untergeschoß

57

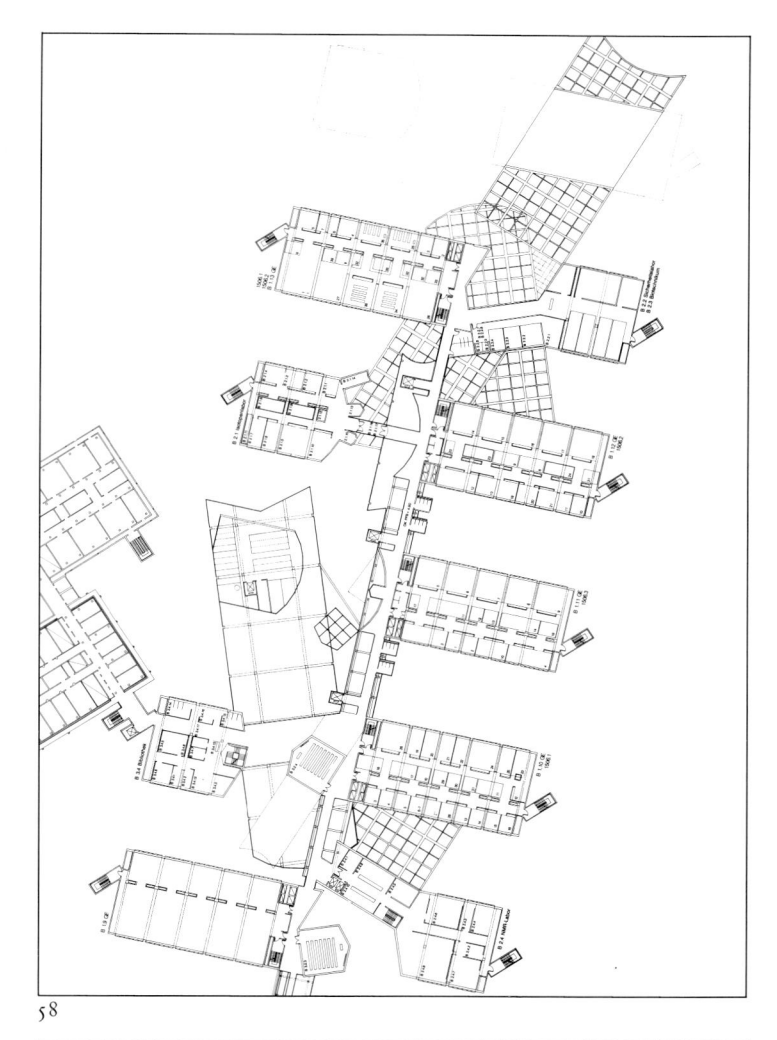

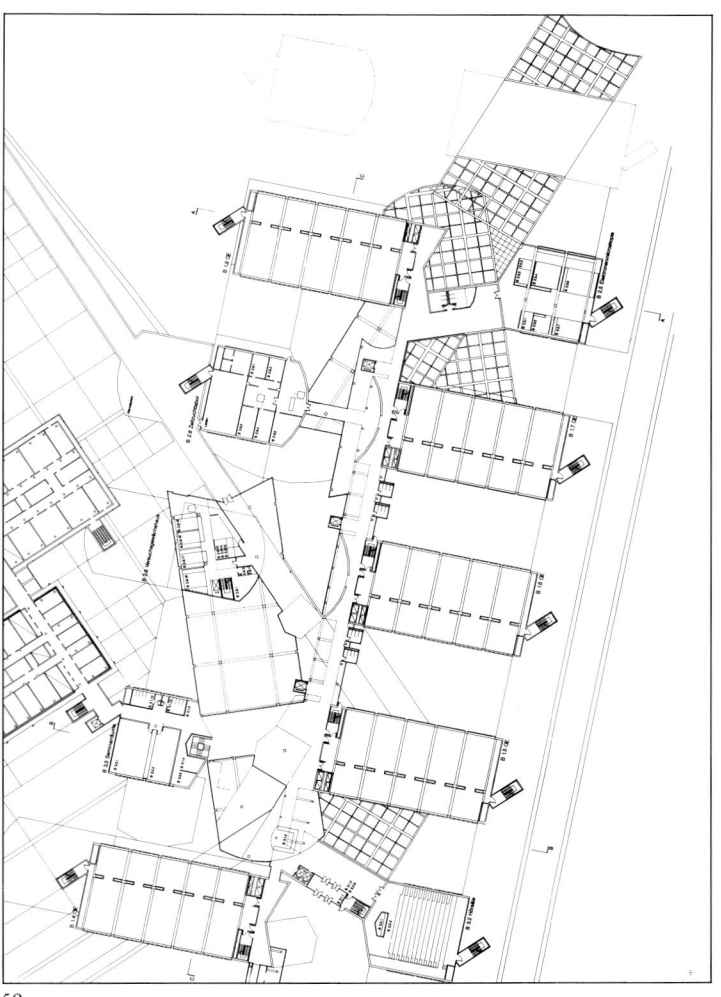

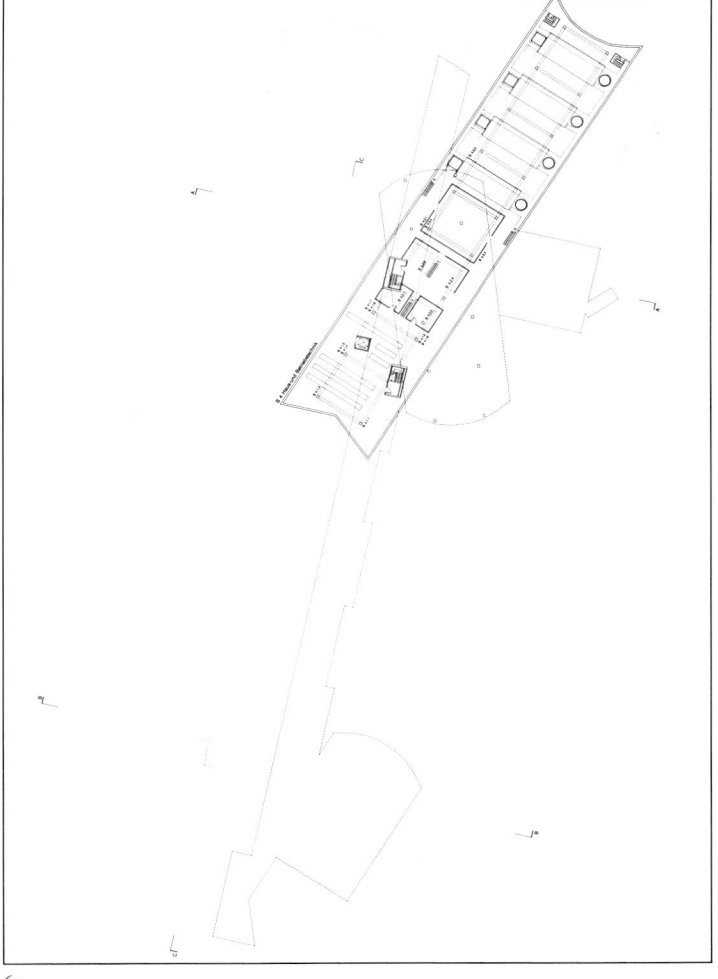

58

59

60

65

61

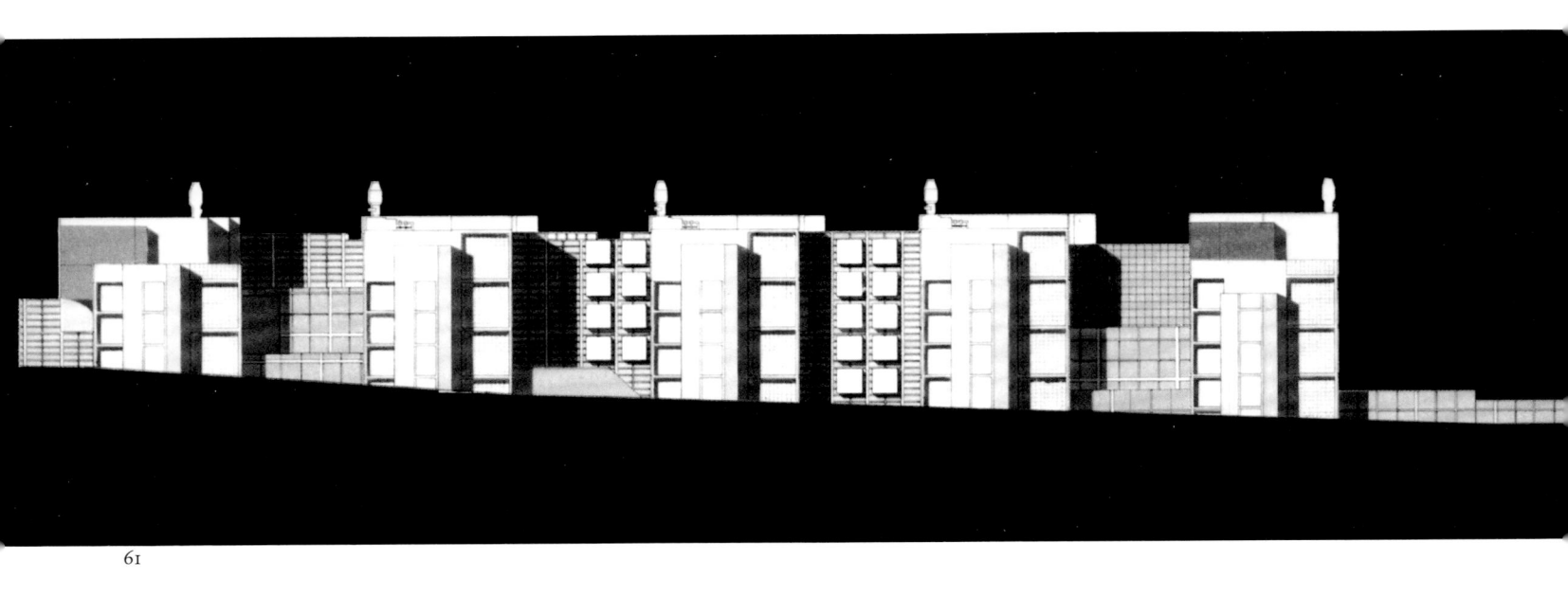

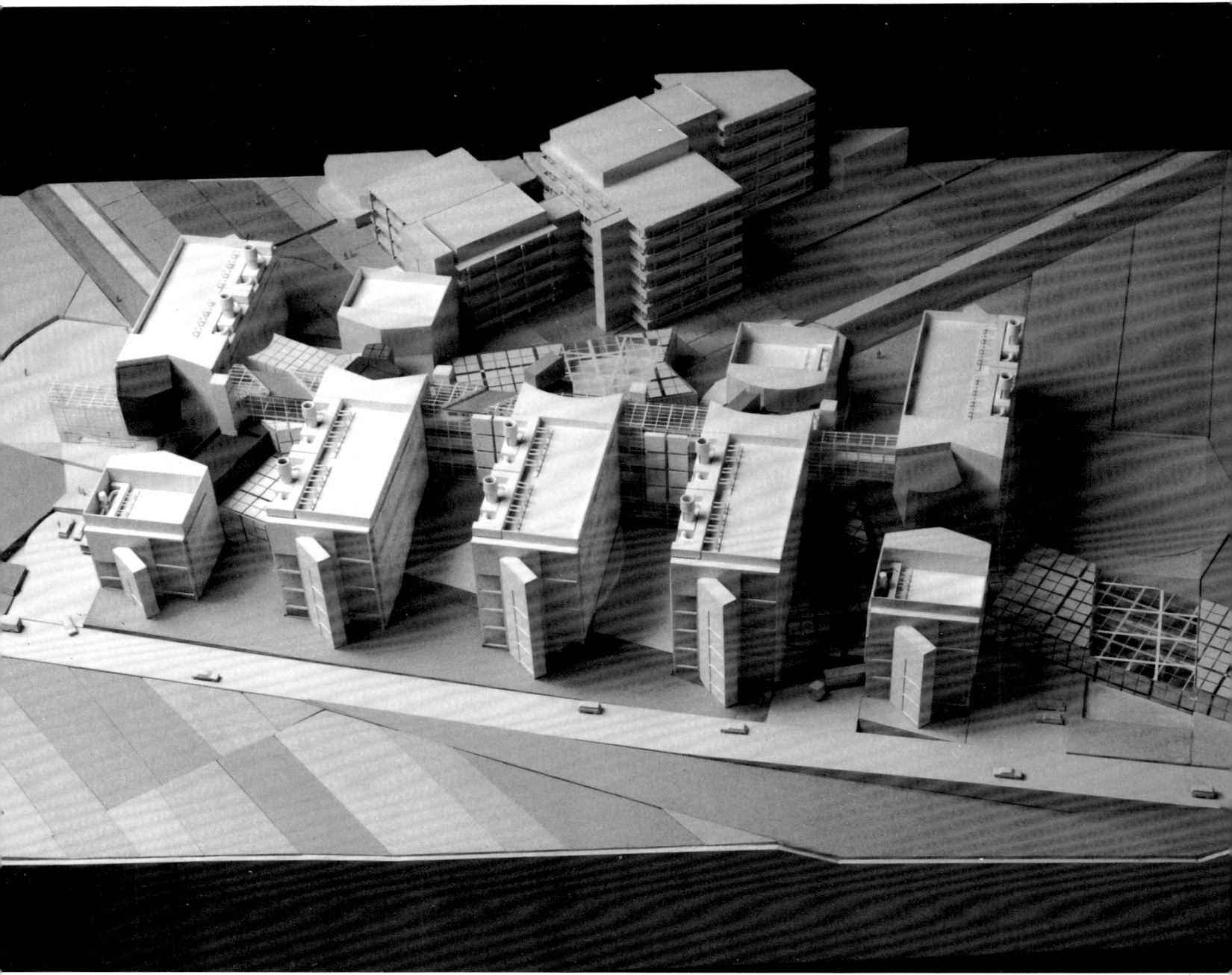

66

62

63

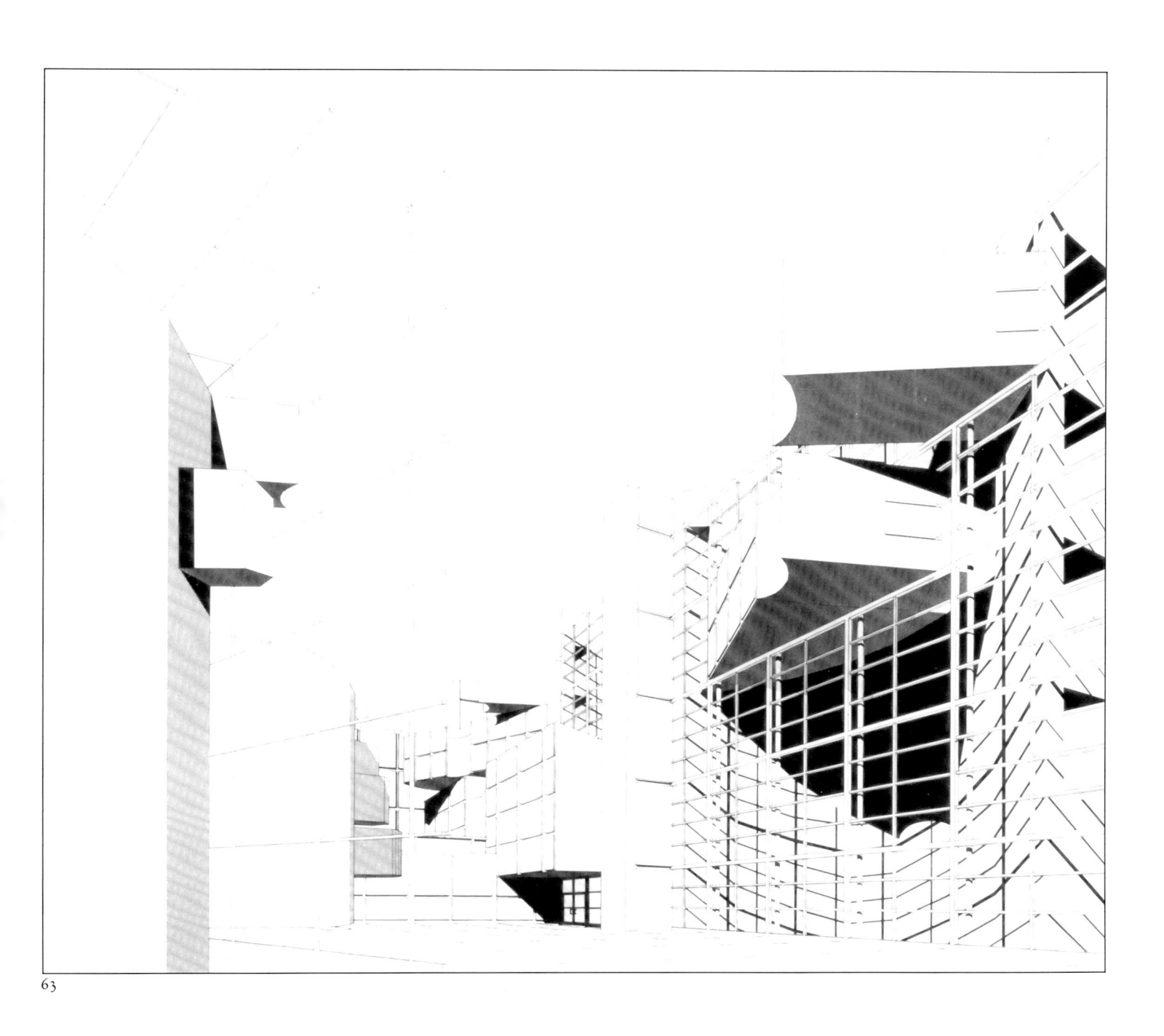

61 Ansicht
62 Modell A
63 Perspektivzeichnung
der Verbindungsachse

Zaha M. Hadid

Geboren 1950 in Bagdad, Irak
Sitz in London

The Peak (Der Gipfel). Hongkong. 1982
Erhielt den Ersten Preis beim Internationalen Wettbewerb für das Hongkong-Peak-Projekt. 1983
Chefplaner: Michael Wolfson
Planungsteam: Jonathan Dunn, Marianne van der Waals, Nabil Ayoubi, Alistair Standing, Nancy Lee, Wendy Galway
Bautechnik: David Thomlinson (Ove Arup and Partners)

Der Peak gewann den ersten Preis in einem Wettbewerb für einen exklusiven Club in den Bergen oberhalb des Hafens von Hongkong. Die natürliche Topographie dieser Berge wurde umgestaltet, indem das Terrain auf sein tiefstes Niveau abgegraben und eine Reihe künstlicher Felsen aus dem abgebauten Gestein errichtet wurden; dieses Gestein wurde poliert, um den Unterschied zwischen Menschenwerk und Natur einzuebnen. Der Platz wurde zu einer Abfolge von gewaltigen, abstrakten polierten geometrischen Formen aus Granit umgestaltet.
Über diese künstliche Topographie sind vier gewaltige Balken verstreut. Die Balken sind von den Wolkenkratzern unten in der Stadt abstrahiert worden; sie wurden auf ihre Längsseite umgelegt, den Berg hinaufgebracht (Abb. 78) und in den Hang getrieben (Abb. 79), um einen horizontalen Wolkenkratzer zu bilden (Abb. 80). Die Kraft des Projektes liegt in der gewaltsamen Durchkreuzung dieser linearen Balken und der Volumina der künstlichen Topographie.
Die vier Balken sind gegeneinander verdreht, was sie sowohl untereinander als auch mit der künstlichen Landschaft in Konflikt bringt (Abb. 64). Diese Konflikte stören die innere Struktur der Balken, deren innerer Plan die Zeichen des Konfliktes mit den anderen Elementen (Abb. 65 – 74) trägt. Ihre ursprüngliche Unterteilung in regelmäßige, rechteckige Einheiten ist gestört. Geschlossene Räume werden geöffnet, Wände werden gefaltet und gebogen. Das innere Raster bricht zusammen, ohne jemals völlig aufgegeben zu werden. Jeder Konflikt ist anders, und so wird jeder in einer anderen Weise gebrochen, wodurch verschiedene Arten von Raumprogrammen, verschiedene Typen von Wohnraum erzeugt werden (Abb. 77).
Doch das radikale Dezentralisieren zeigt sich, wenn die beiden oberen Balken vertikal von den beiden unteren abgehoben werden, um einen tiefen Zwischenraum zu schaffen, der völlig von traditionellen Postulaten über das Bauen abgelöst ist. Die gewohnten Hierarchien und rechteckigen Ordnungen fehlen. Innerhalb dieses neu definierten Territoriums treiben Bauelemente, die nur von verdrehten Cocktail-Sticks festgehalten werden (Abb. 81). Im Zwischenraum hängen Eingangsetagen, Schwimmbecken, Snackbar und Bibliothek. Diese Objekte lösen sich von der regelmäßigen Geometrie der Balken (Abb. 70).
Die Öffnung zwischen den horizontalen Balken bildet einen unbestimmten Raum, in dem alles winklig ist und durch lange diagonale Rampen verbunden wird. Eine gekrümmte Autorampe gleitet über die Lücke hinweg (Abb. 69, 82) zum Parkbereich im obersten Volumen.
Die Grundelemente des Clubs nehmen beides ein, die Lücke und die Unterwelt einer künstlichen Topographie, die sich in den Hang hinein ausdehnt. Der Club erstreckt sich zwischen der Leere der Lücke und der Dichte der Untergrundkörper, zwischen Bereichen, die gewöhnlich von der modernen Architektur ausgeschlossen werden, aber in ihr auftauchen, wenn der Modernismus an seine Grenzen gedrängt, beiseitegedrückt wird. So gesehen liegt der Vergnügungspalast, das hedonistische Refugium im verzerrten Zentrum modernistischer Reinheit.

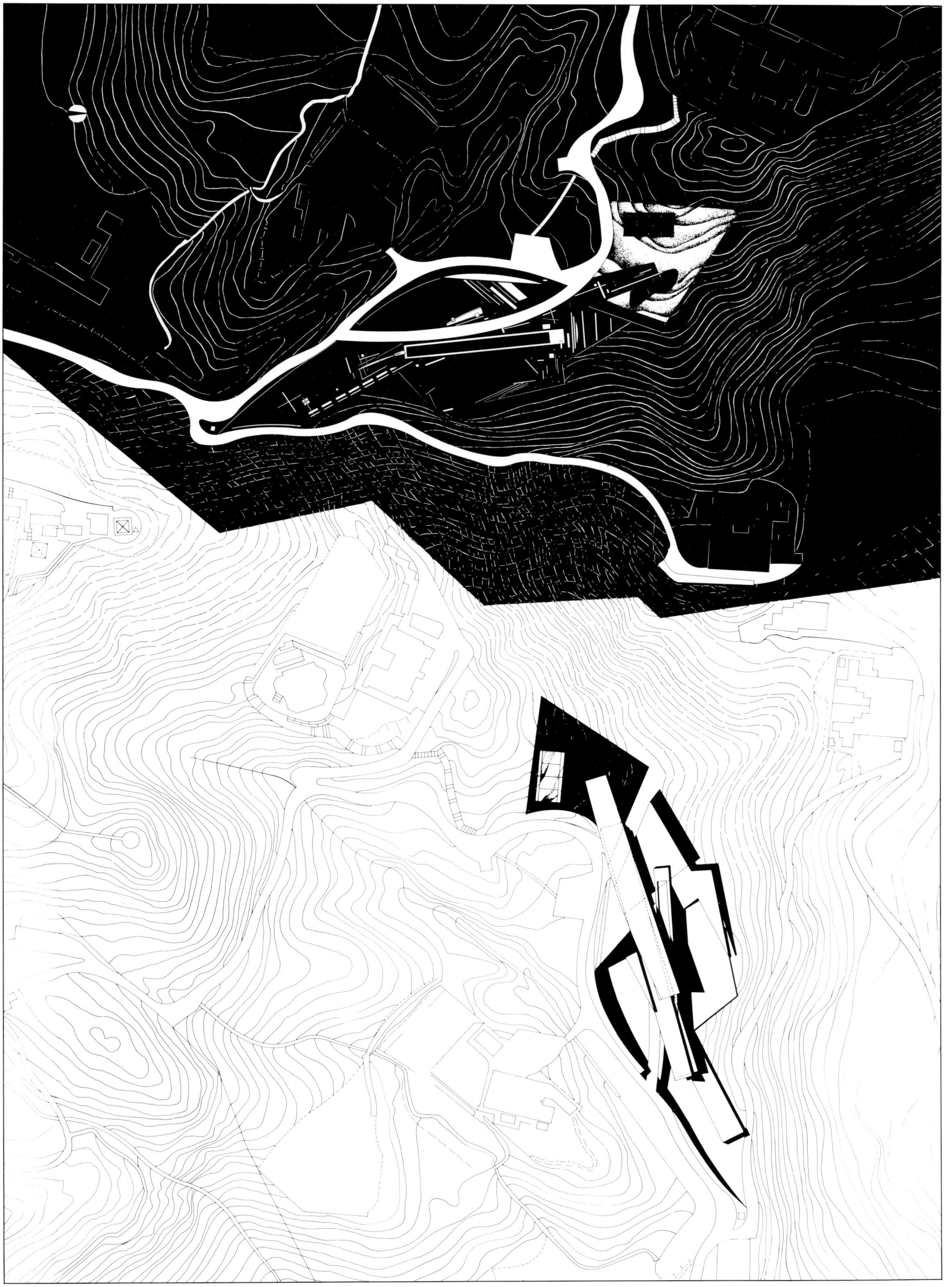

64

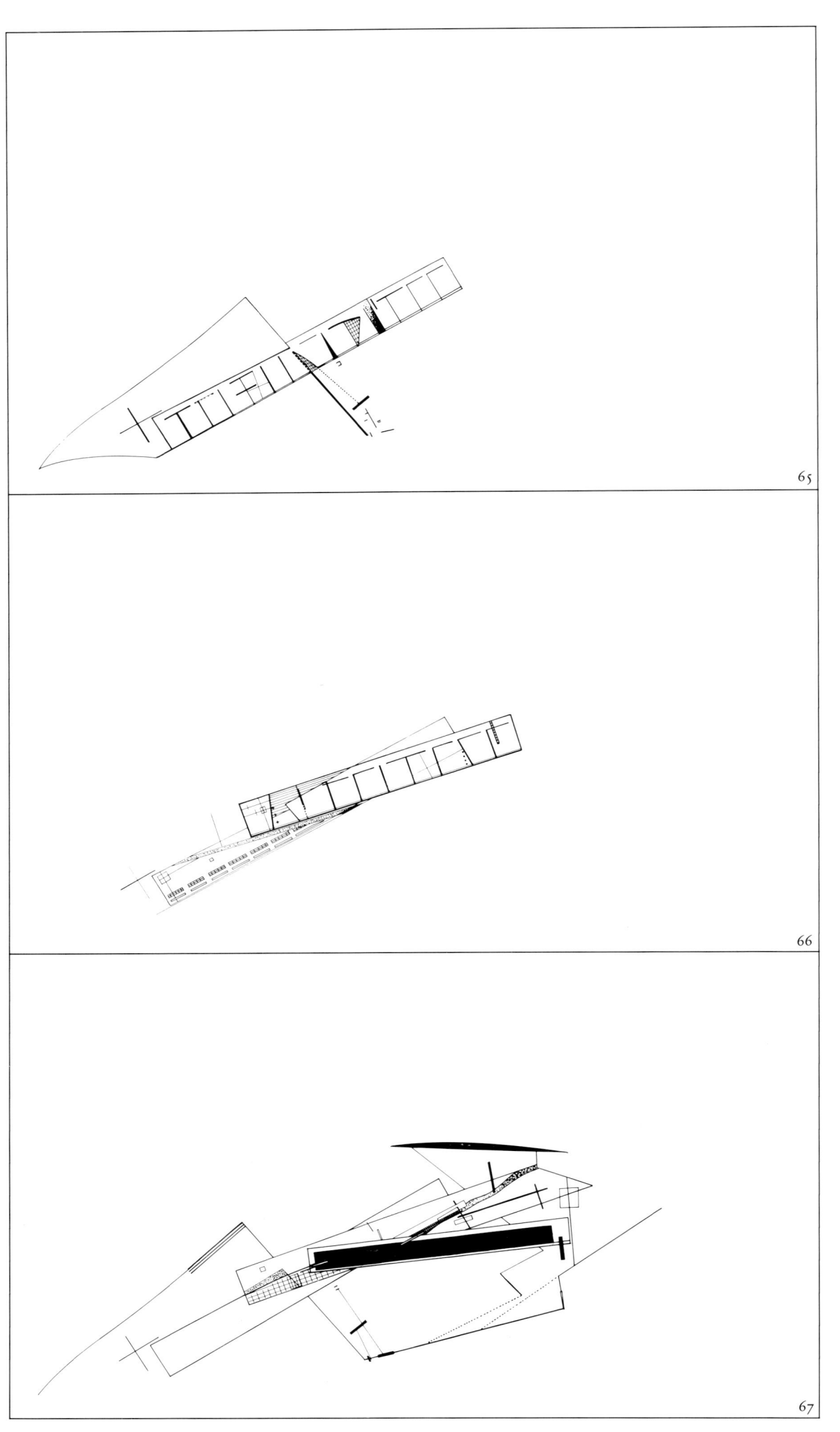

The Peak

64 Lageplan (Seite 69)
65 Erste (unterste) Geschoßebene
66 Darüberliegende Ebene
67 Club-Plattform, Dach der zweiten Ebene
68 Untere Stützengeschoßebene
69 Obere Stützengeschoßebene mit Autorampe
70 In der Stützengeschoßebene aufgehängte Elemente

68

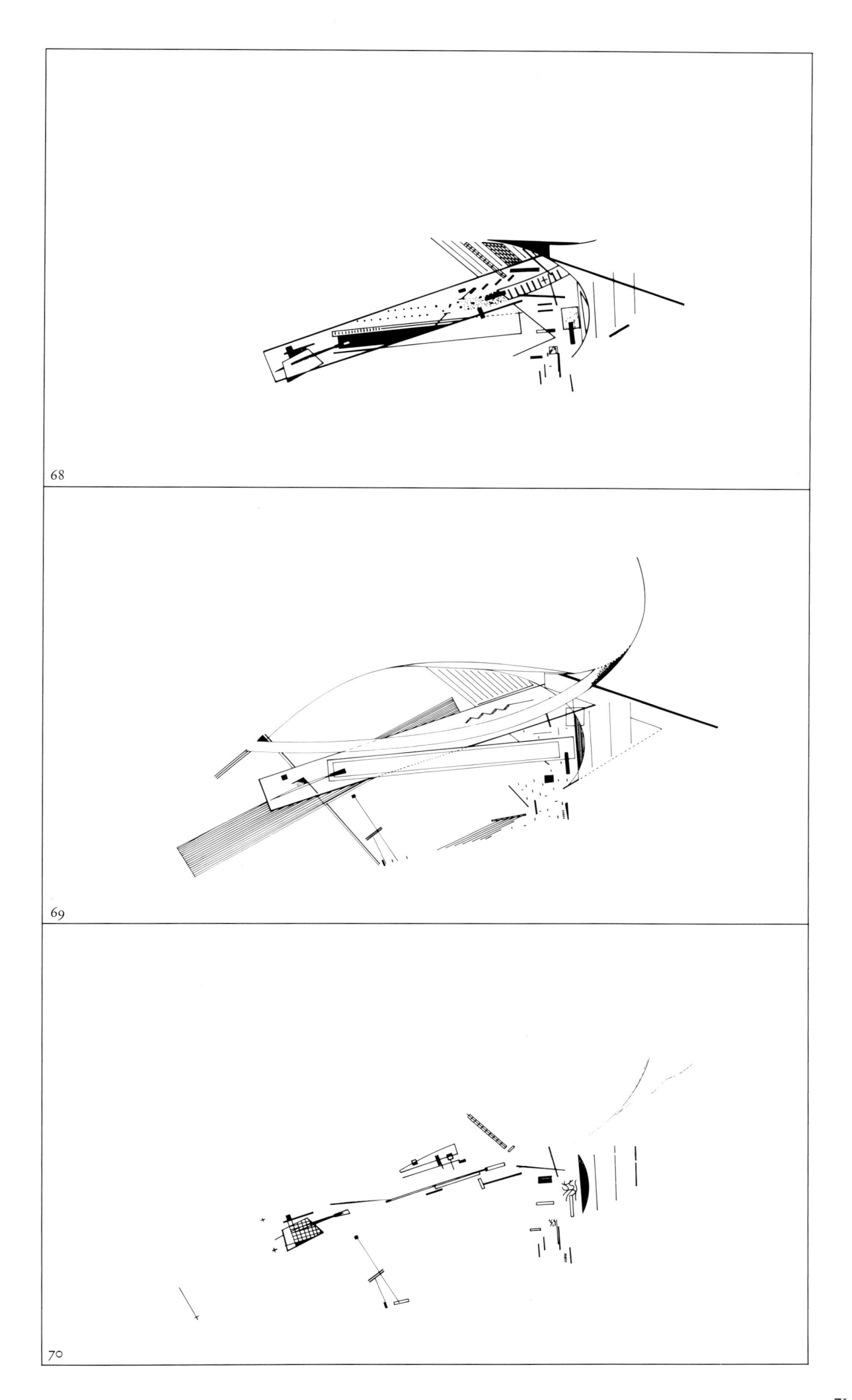

69

70

71

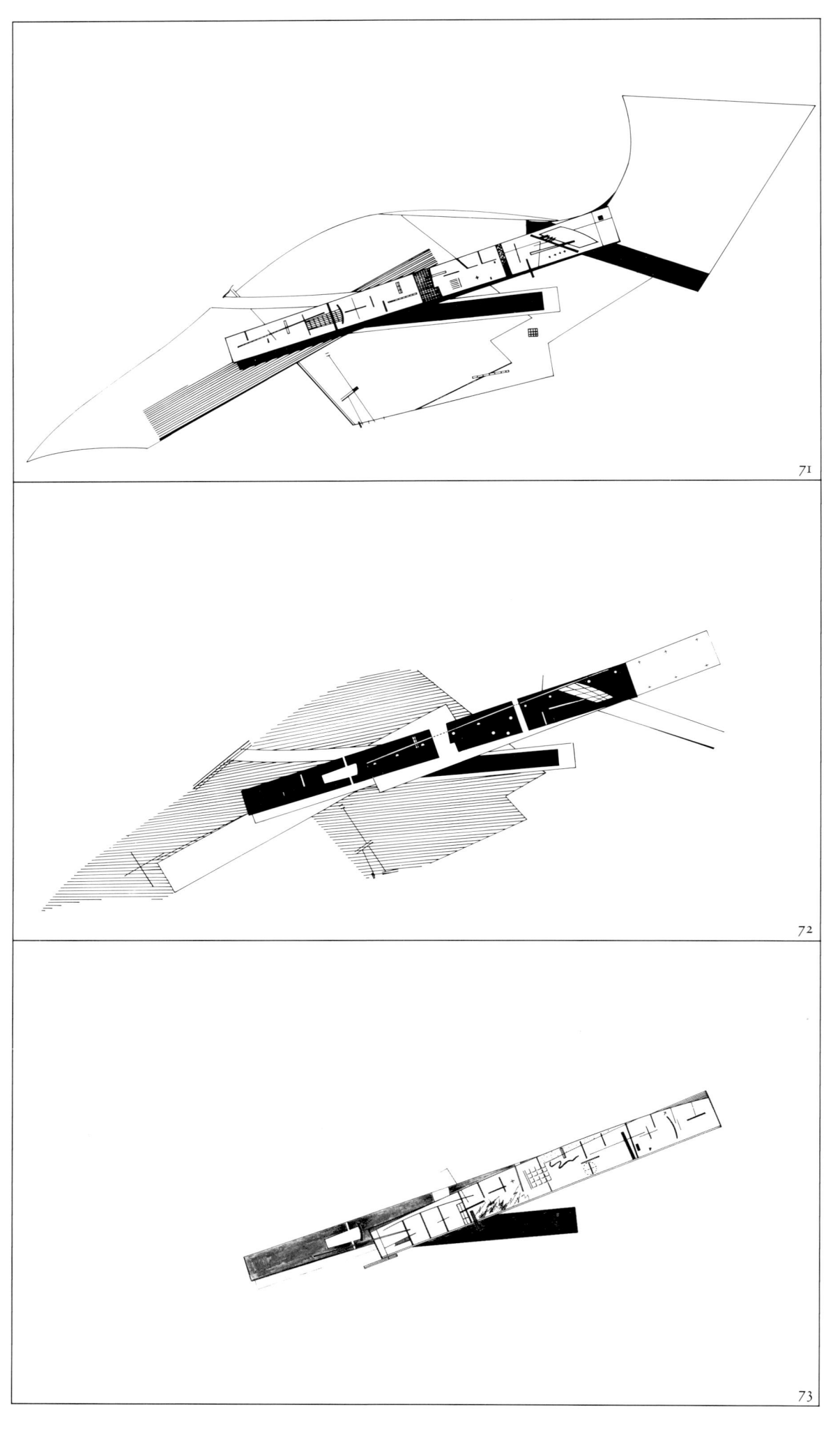

71 Dritte Ebene, über dem Stützengeschoß
72 Plattform zwischen der dritten und vierten Ebene
73 Vierte Ebene
74 Plattform auf der vierten Ebene
75 Gesamtdarstellung der Baukörper
76 Gesamtdarstellung der aufgehängten Elemente

74

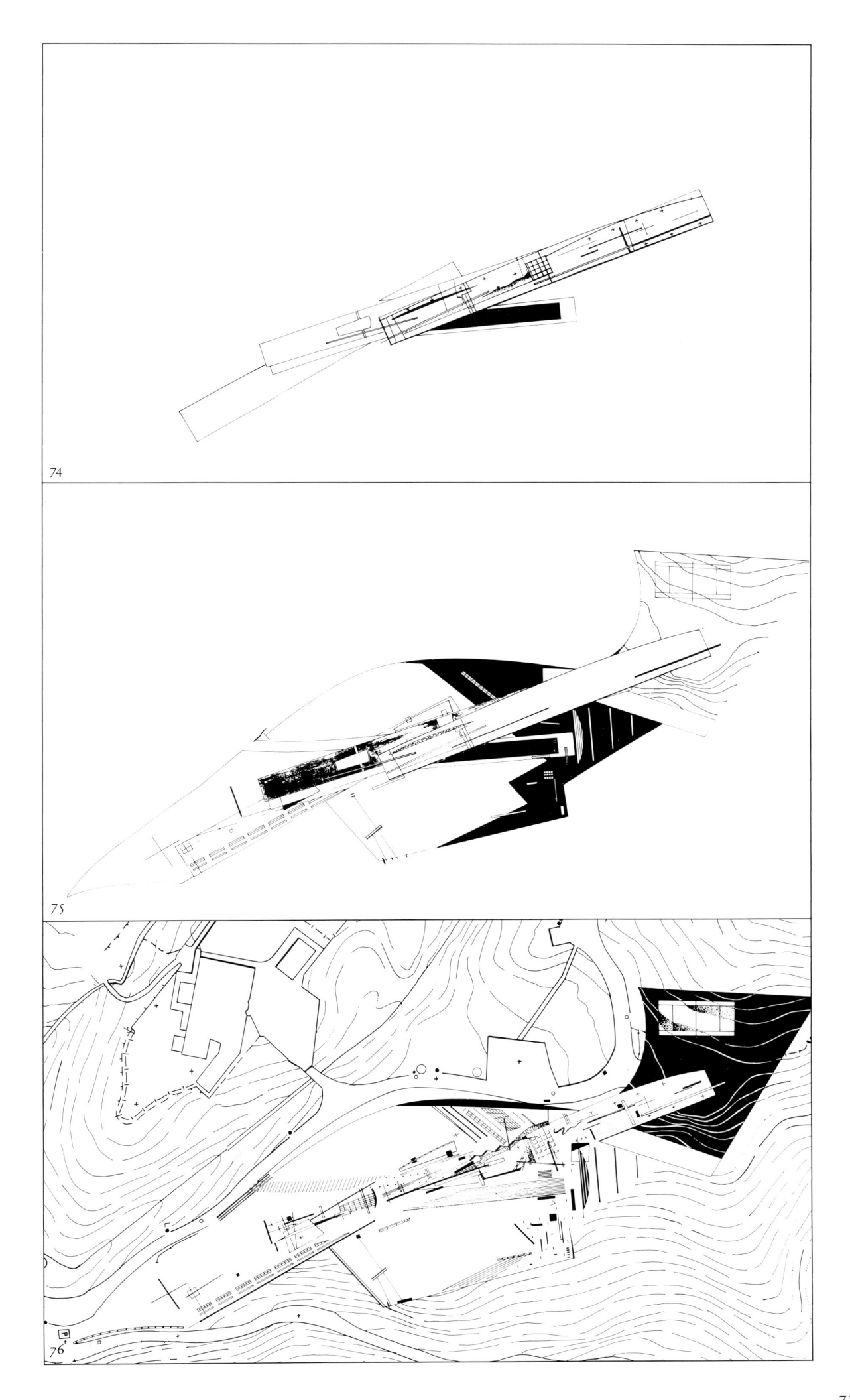

75

76

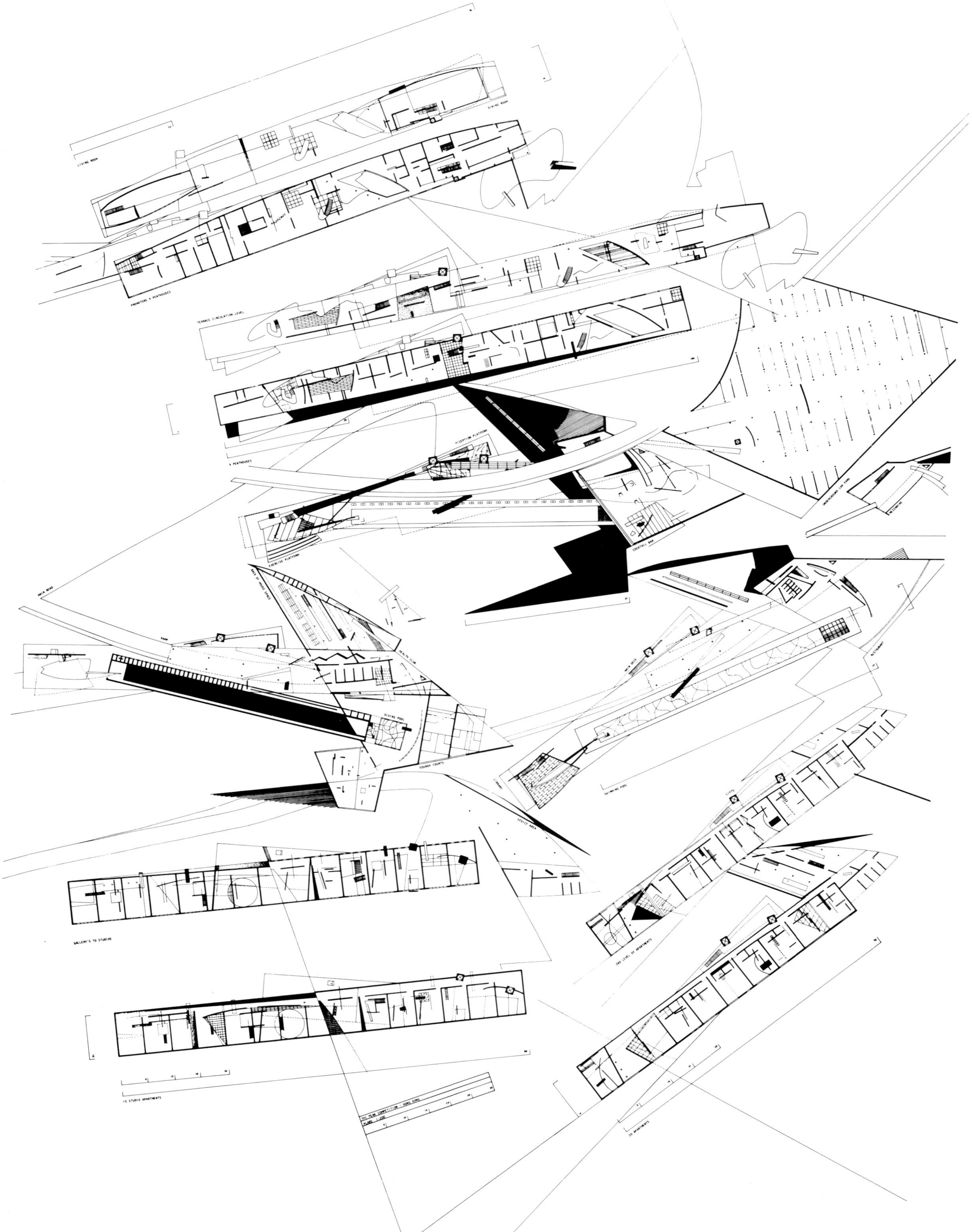

77 Gesamtdarstellung der Grundrisse
78 Bildliche Darstellung der schwebenden Geschoßebenen
79 Bildliche Darstellung der in den Hang getriebenen Geschoßebenen

80 Modelldarstellung der Gesamtanlage

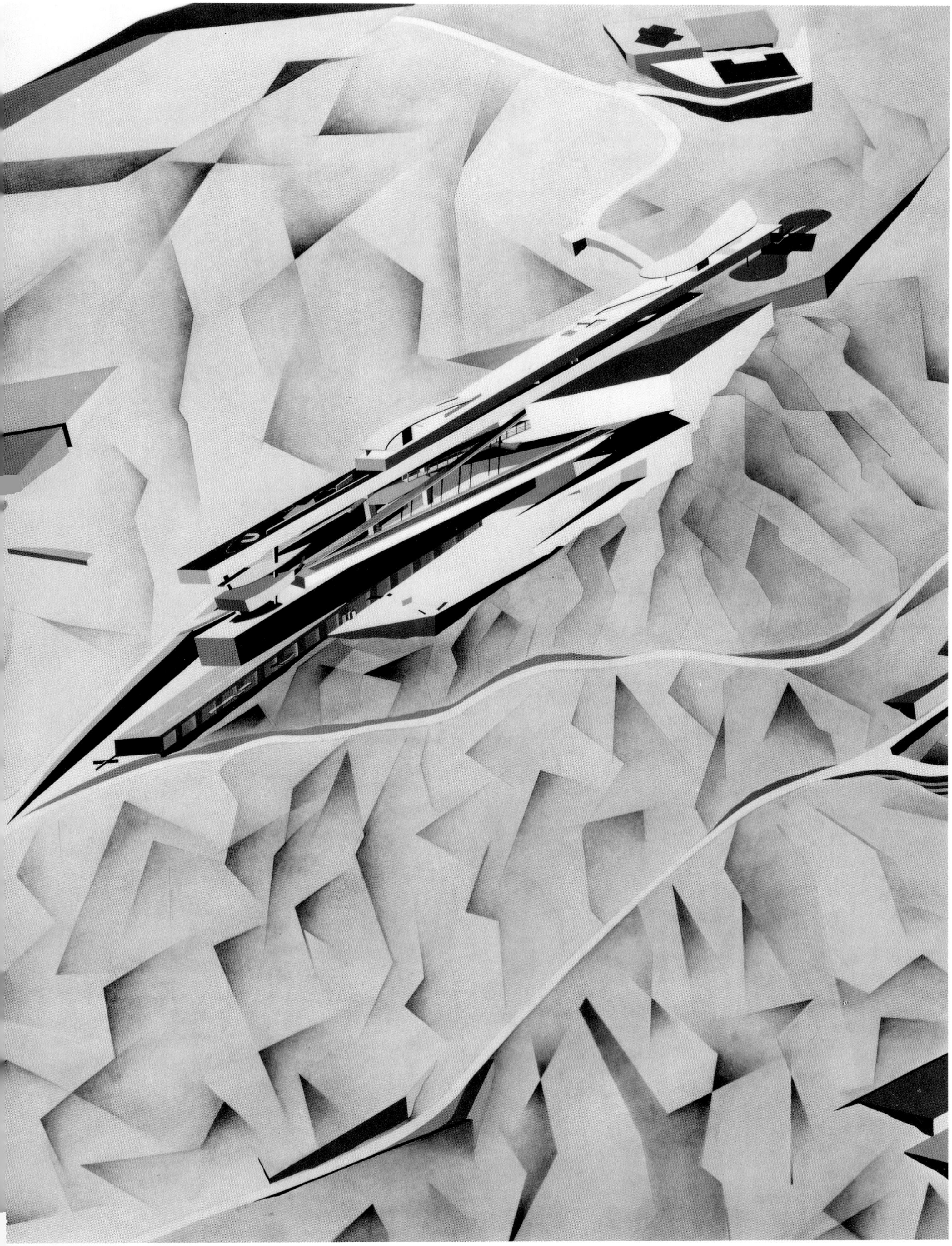

81

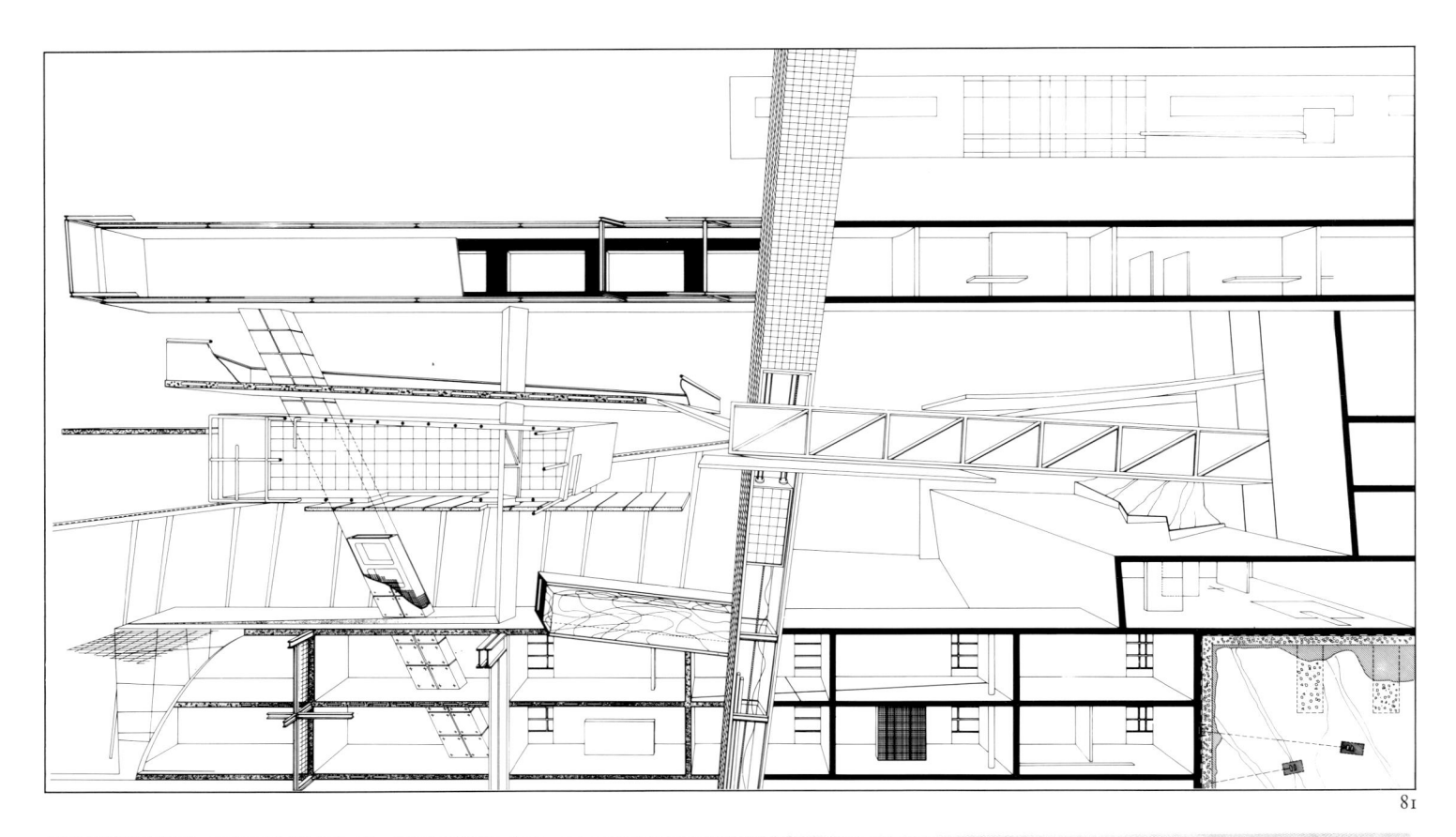

82

83

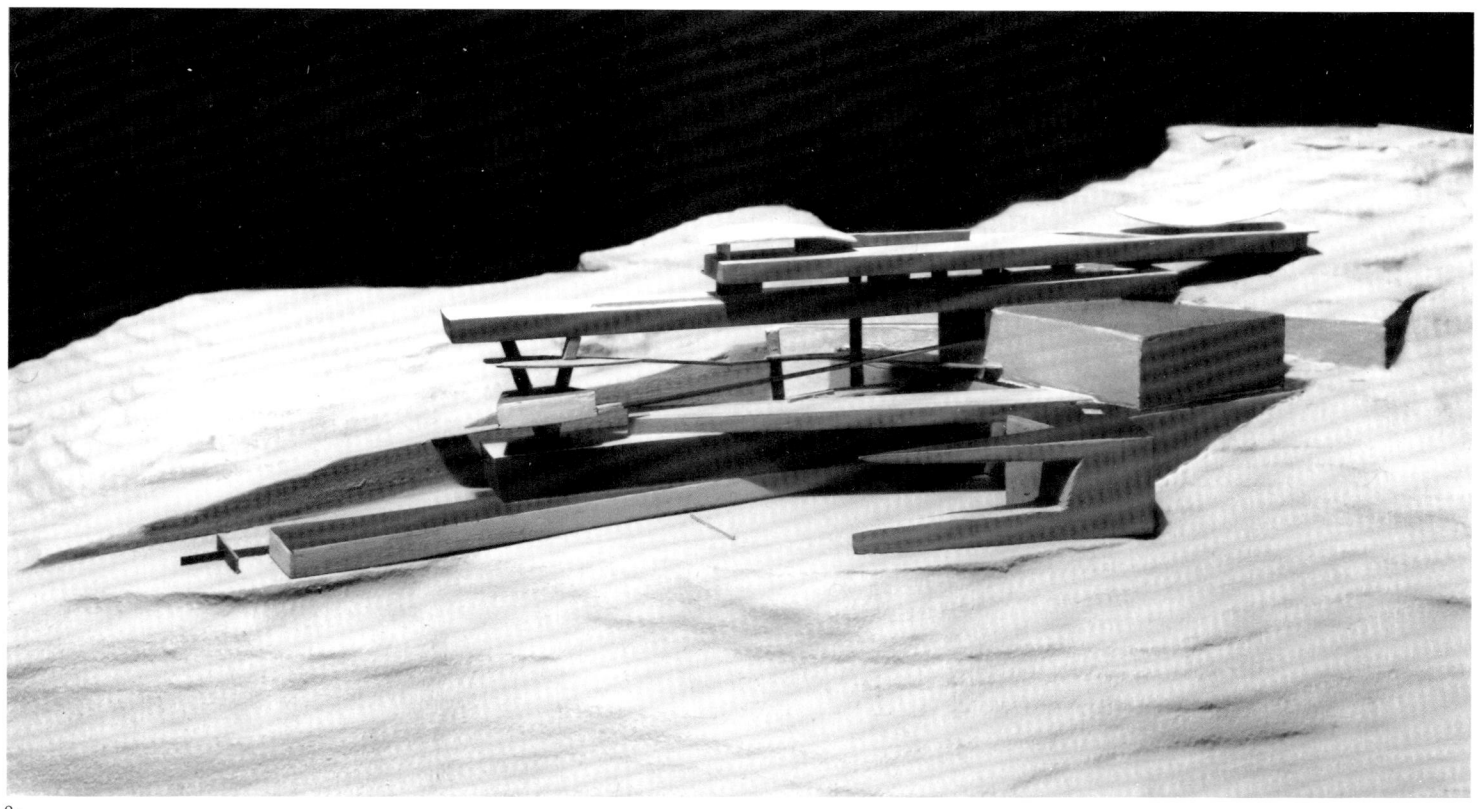

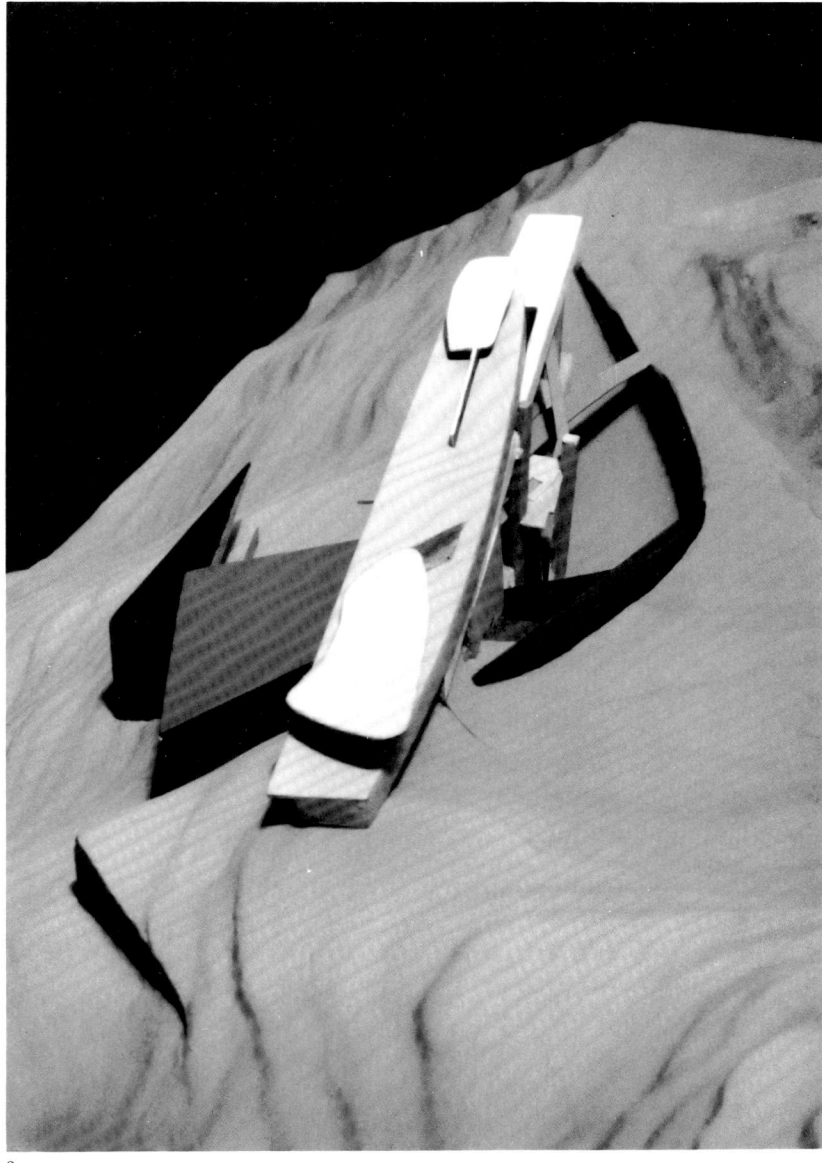

81 Schnitt durch die aufgehängten Elemente
82 Perspektive der frei aufgehängten Elemente
83, 84 Modell

84

Coop Himmelblau
Sitz in Wien

Wolf D. Prix
Geboren 1942 in Wien

Helmut Swiczinsky
Geboren 1944 in Poznán, Polen

Dachgeschoß-Umgestaltung. Wien. 1985
Planungsteam: Franz Sam, Stefan Krüger,
Karin Sam, Katharina Lenz, Max Pauly
Bautechnik: Oskar Graf

Mietshaus. Wien. 1986
Planungsteam: Frank Stepper, Fritz Mascher,
Franz Sam

Skyline. Hamburg. 1985
Planungsteam: Friedrike Brauneck, Michael van
Coyen, Franz Sam, Frank Stepper, Fritz Mascher
Bautechnik: Oskar Graf

Die Dachgeschoß-Umgestaltung (Abb. 85 – 89) besteht aus der Renovierung von 400 Quadratmetern Dachraum in einem traditionellen Wiener Miethaus. Die stabile Form ist durch eine instabile biomorphe Struktur infiziert worden, durch einen skeletthaft geflügelten Organismus, der die Form stört, die ihn beherbergt. Doch die neue Struktur ist auch gespannt und straff, hoch aufgeschossen, eine Metallkonstruktion, deren scheinbar chaotische Form aus der eingehenden Analyse der größeren Struktur hervorgeht, die sie bewohnt. Folglich handelt es sich nicht nur um einen Flügel, ein Mittel zum Auftrieb – sondern auch um eine Hauptkante – eine schneidende Kante, eine Klinge, die die Ecke schneidet und hervorspringt. Das stabile Verhältnis von innen und außen ist gefährdet.

Das andere Wiener Projekt (Abb. 90 – 99) ist ein Fünfzig-Parteien-Mietshaus an einer Hauptausfallstraße der Stadt. Es setzt vier hängende Barren, die in allen Richtungen verzerrt sind, in Konflikt zueinander, wodurch die innere Struktur jedes Barren gestört und jeder verzerrt wird. Die Überschneidungen der reinen Barren bringen verzogene Räume, eine innere Unreinheit hervor: ein gewundenes Inneres, das durch ein System von Aufzügen, Treppen und einer Rampe, die diagonal durch den Komplex verläuft, organisiert wird. Das Gebäude neigt sich gefährlich in Spannung zu dem Grundrhythmus der horizontalen Fußbodenniveaus. Es wird von vertikalen Streben zusammengehalten und durch Winkelverstrebungen stabilisiert. Die Haut der Quader ist aufgeschnitten und zurückgezogen, so daß diese verzerrte Struktur offenliegt.

Der Skyline-Turm (Abb. 100 – 106) ist Teil eines Renovierungsplanes für das Hamburger Elbufer, er gehört zu einem Komplex von fünf Gebäuden, die das Ufer säumen – ein 300 Meter hoher, von gewaltigen Säulen abgestützter Turm. Oberhalb des Bodens hängend, enttäuscht er traditionelle Erwartungen von Türmen: Er ist unten dünner als oben; und anstatt ein Monolith zu sein, zersplittert er, radikal öffnen sich Risse, die das Gebäude in Stücke spalten, die an scherenförmigen Linien entlang auf und ab gleiten. Sie laufen in scharfen Spitzen aus, die knicken, splittern und sich schälen, um die regelmäßigen Geschoßebenen zu zeigen. Das erzeugt ein Durcheinander sich überlagernder, exzentrischer Räume, innerhalb derer die Funktionen organisiert werden. Die Struktur wird von Spannbändern zusammengehalten, die jedes Element an das System der Säulen anbindet: das Gebäude wird fest am Rand des scheinbaren Zusammenbruchs gehalten.

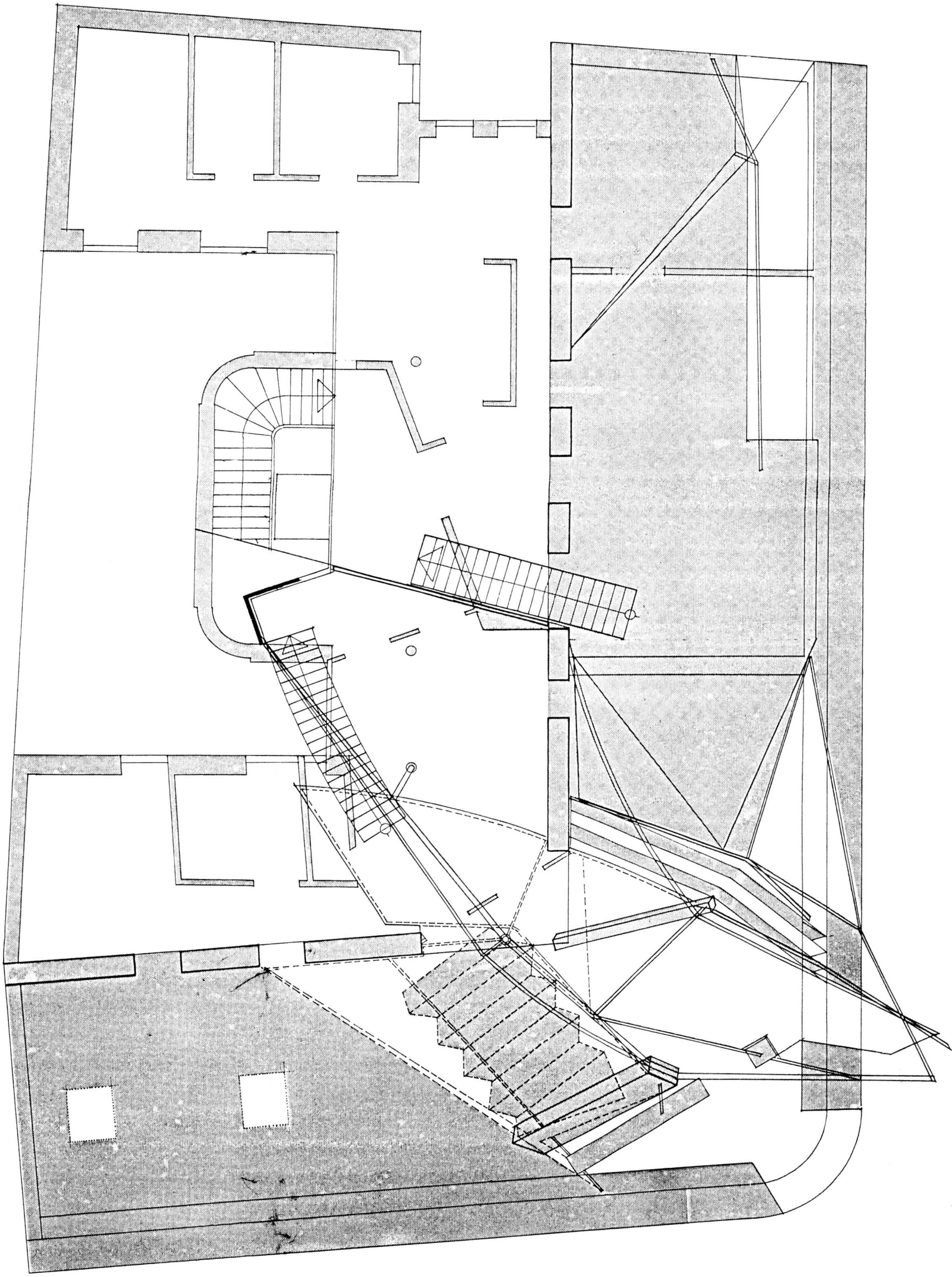

85

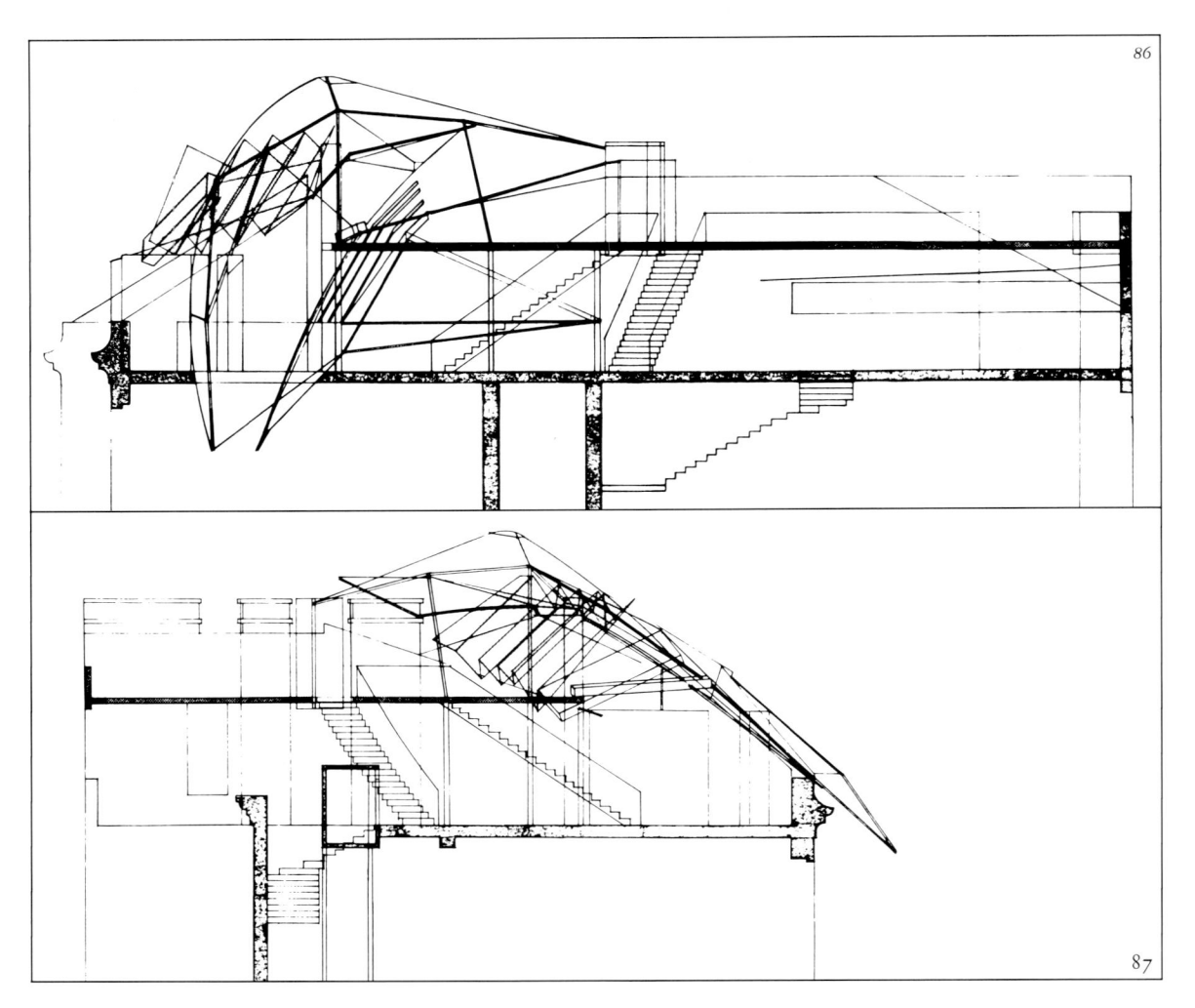

Dachgeschoß-Umgestaltung

85 Grundriß des Dachgeschosses (Seite 81)
86 Längsschnitt
87 Querschnitt
88 Konstruktionsmodell
89 Modell

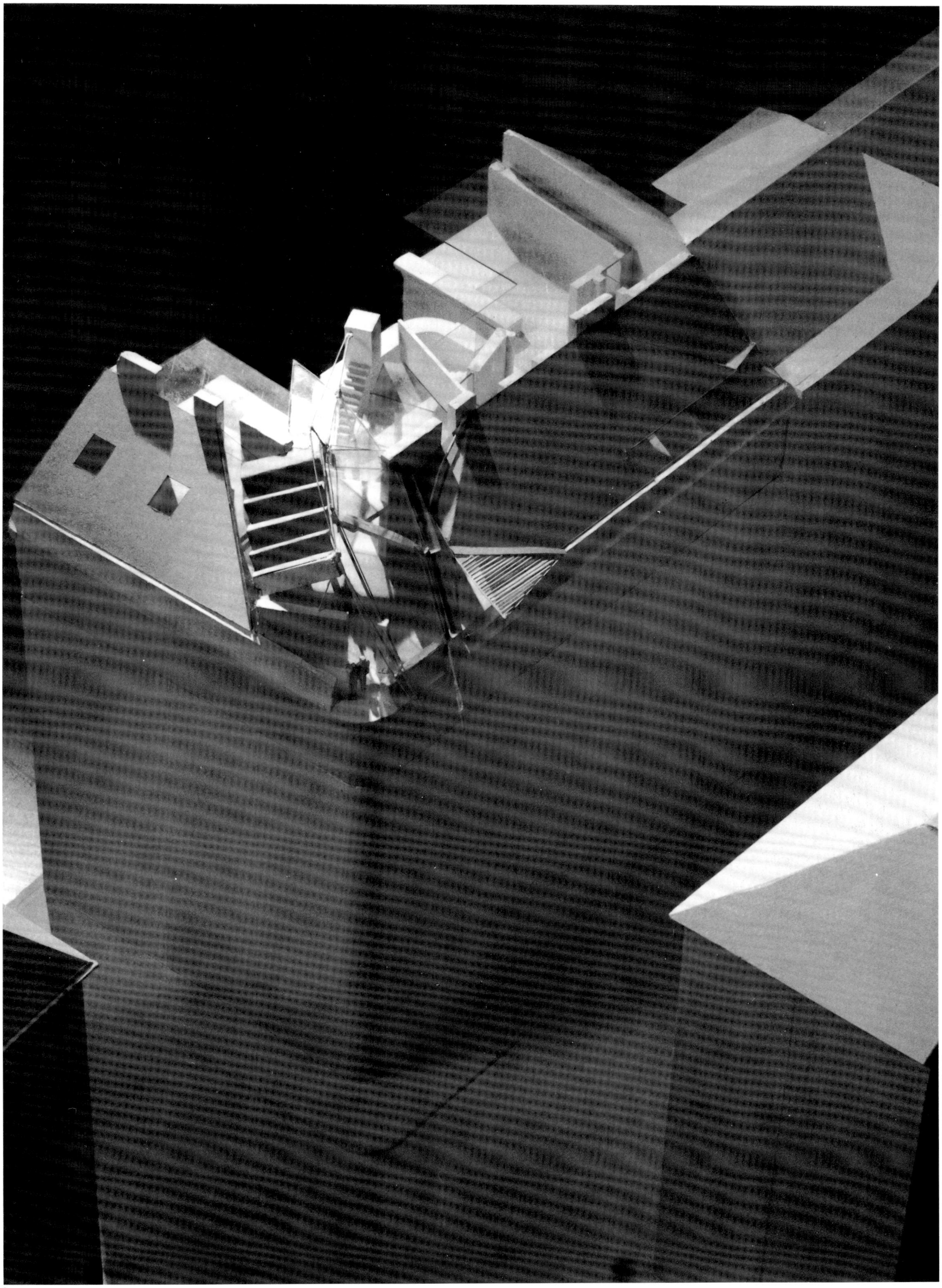

89

90

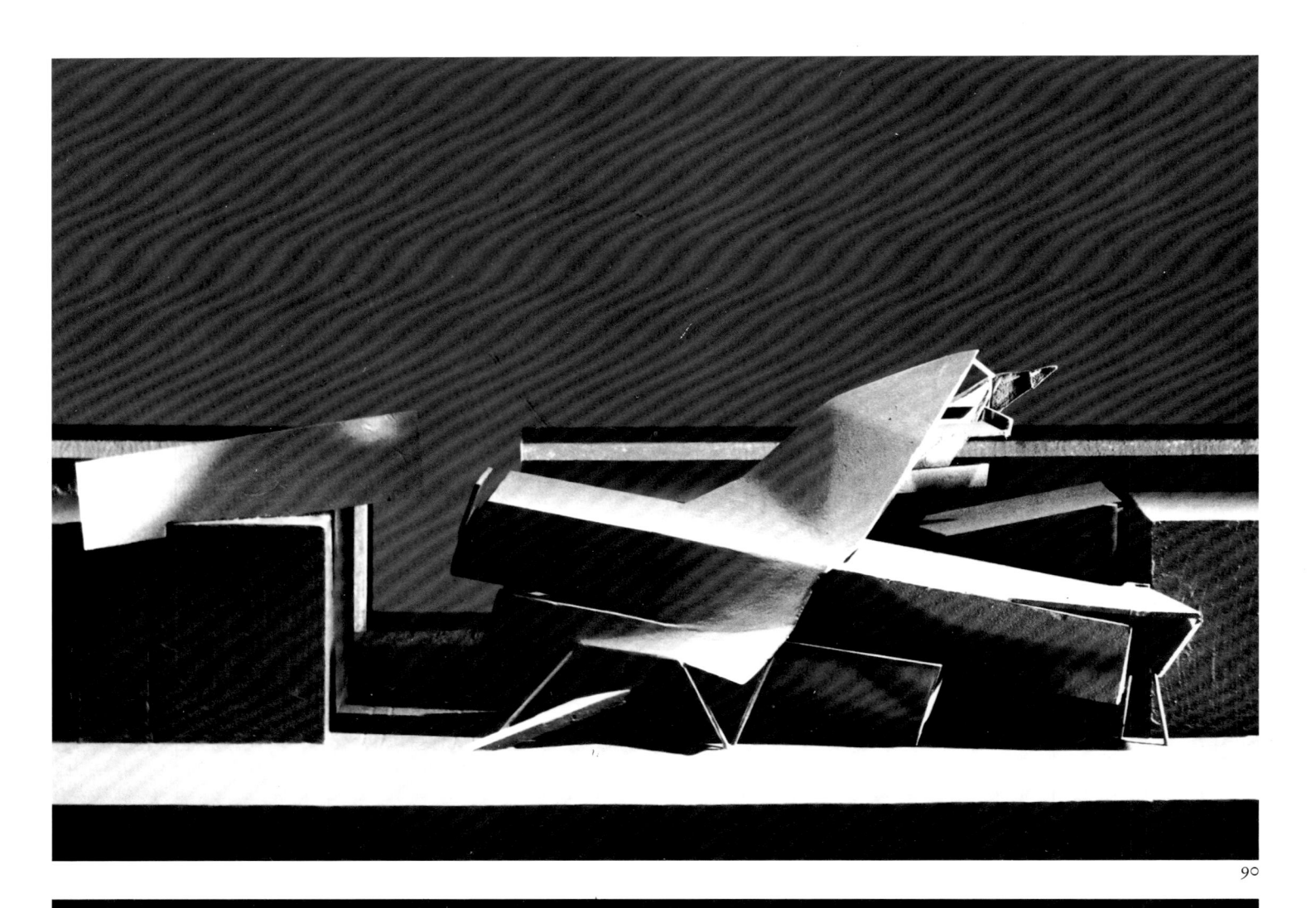

91

92

Mietshaus

90 Experimentiermodell
91 Konstruktionsmodell
92 Ausführungsmodell
93 Ausführungsmodell, Detail

93

94

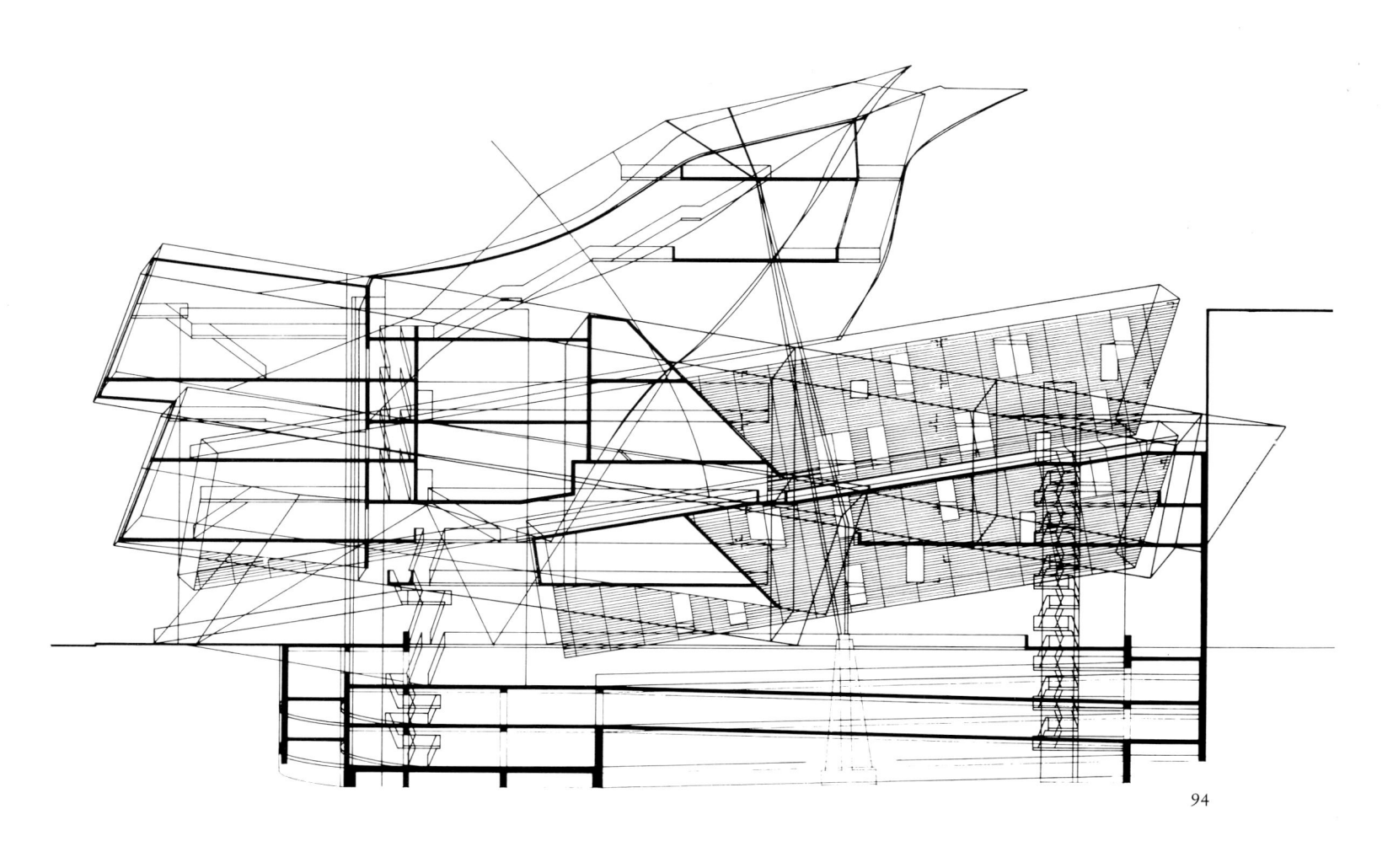

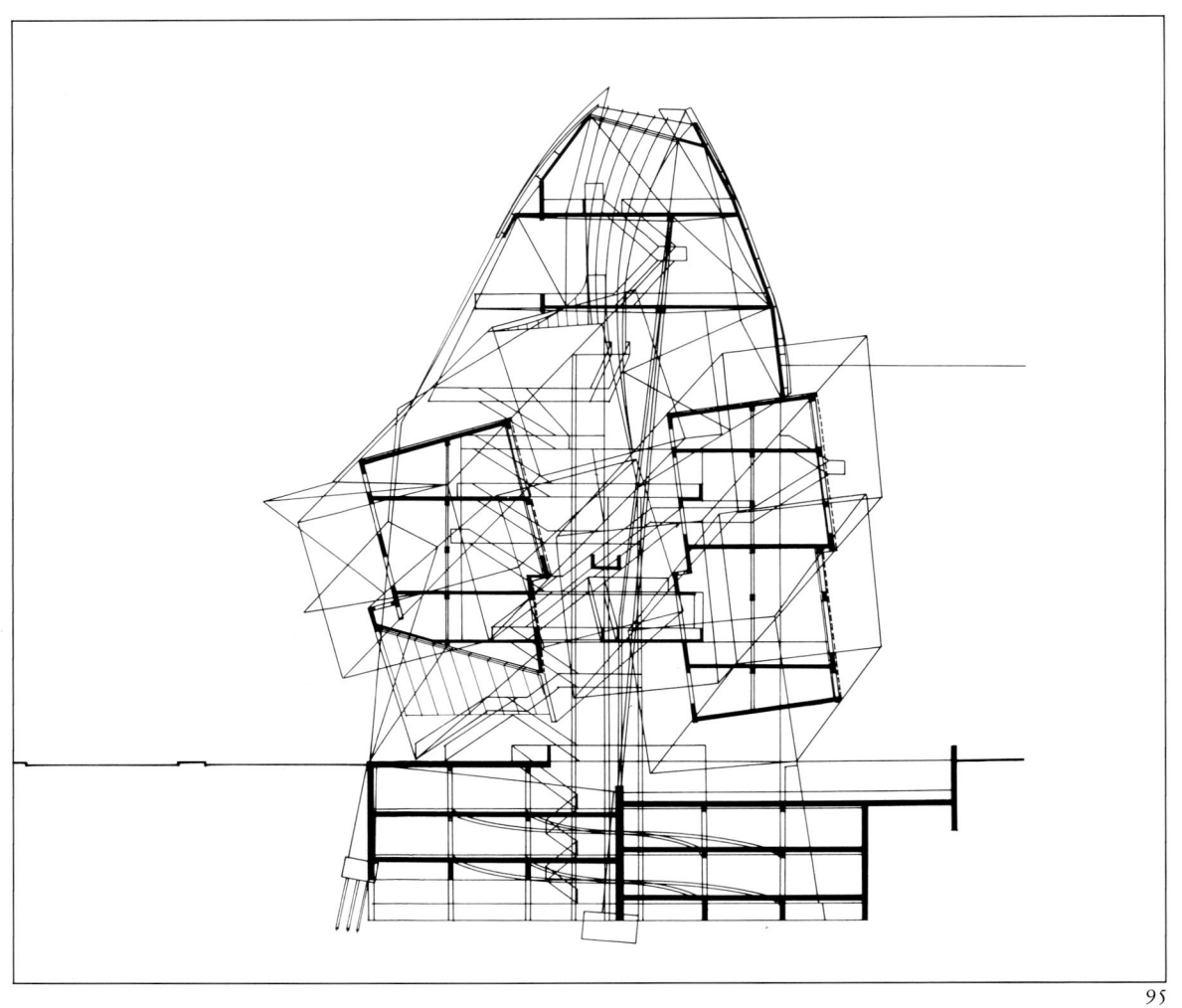

95

94 Längsschnitt
95 Querschnitt
96–99 Grundrisse der verschiedenen Ebenen

96

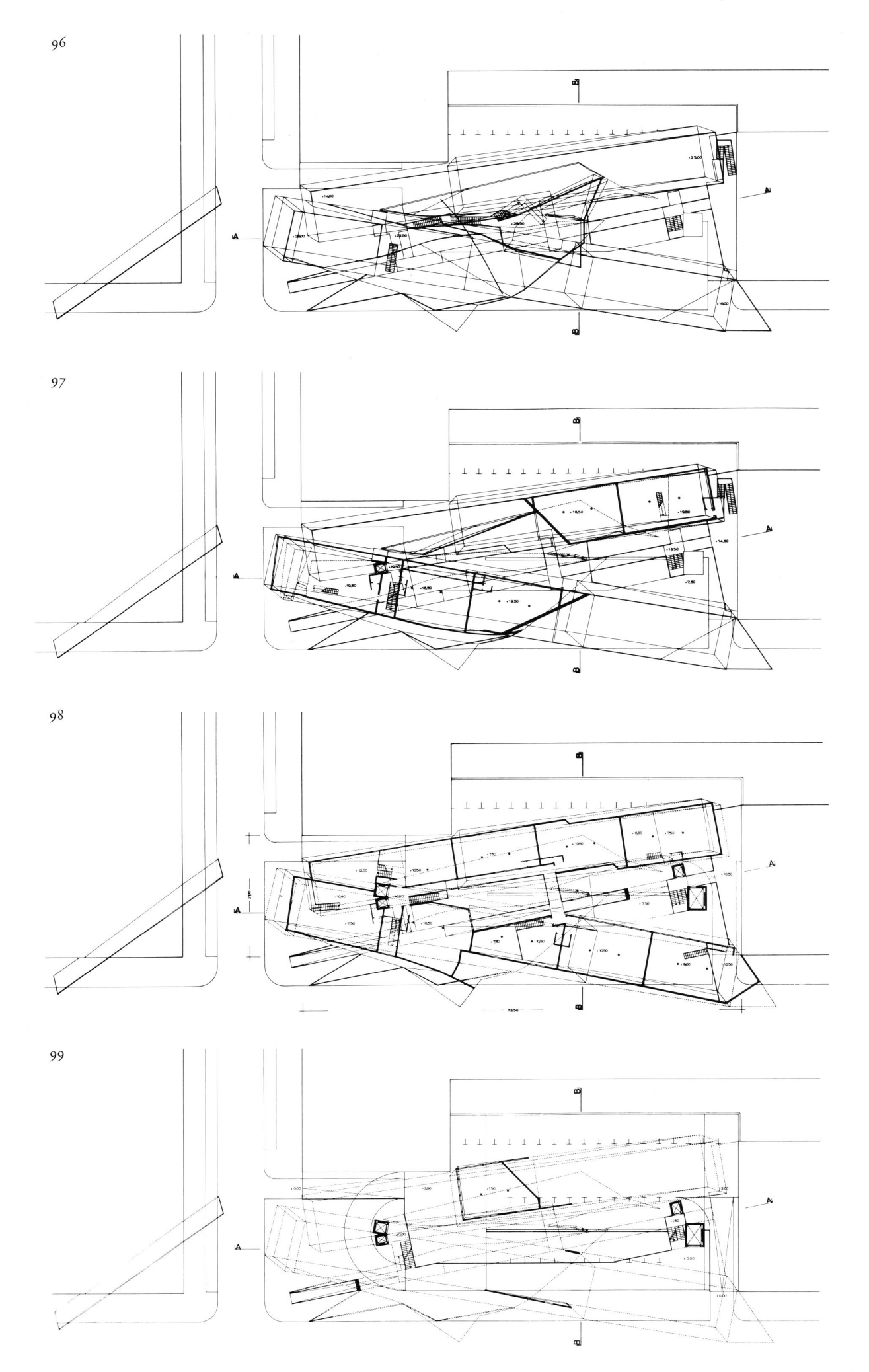

97

98

99

87

100

101 102

Skyline

100 Modell
101 Modell, Detail
102, 103 Modell des Hoch-
hauses

104

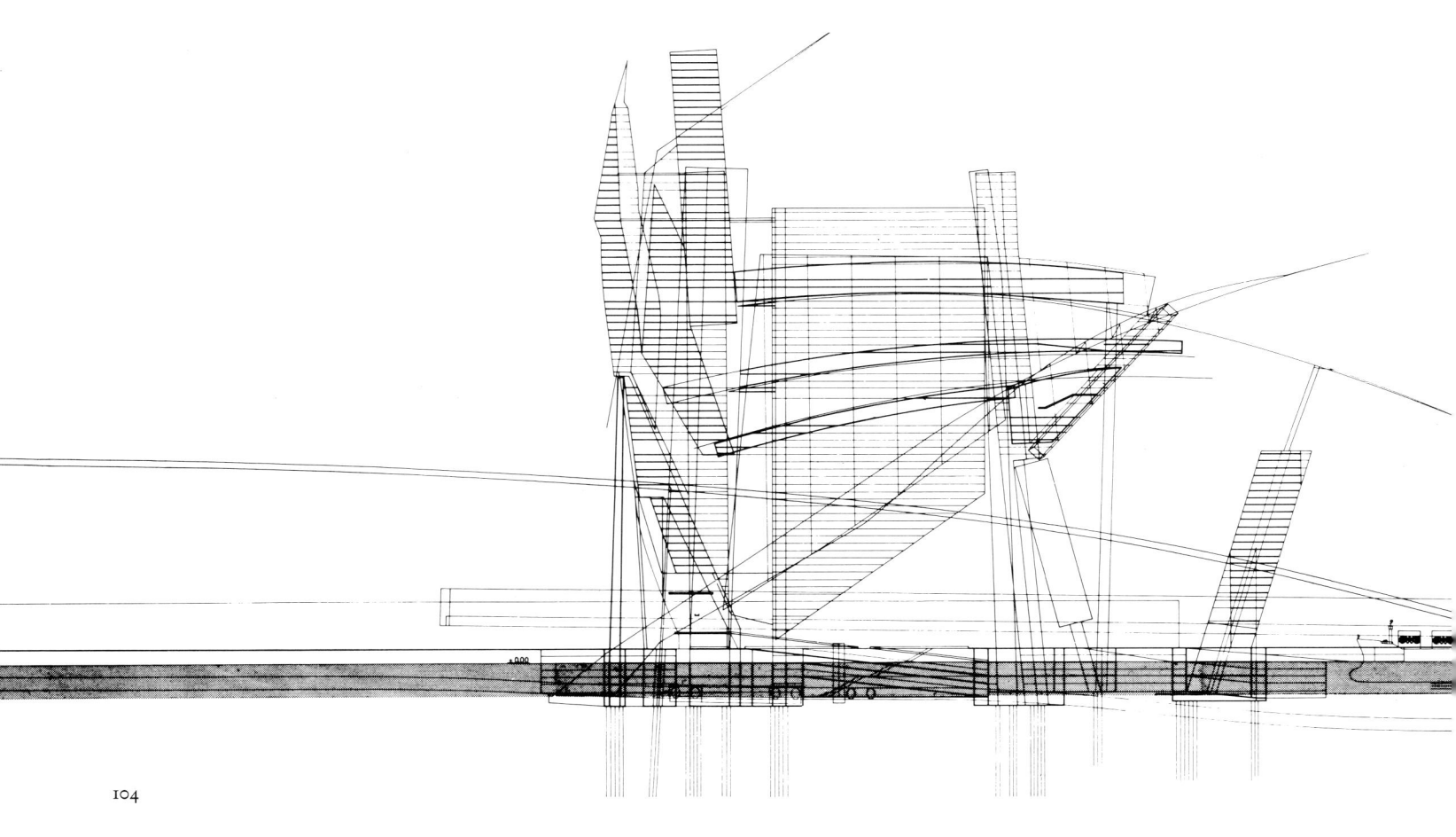

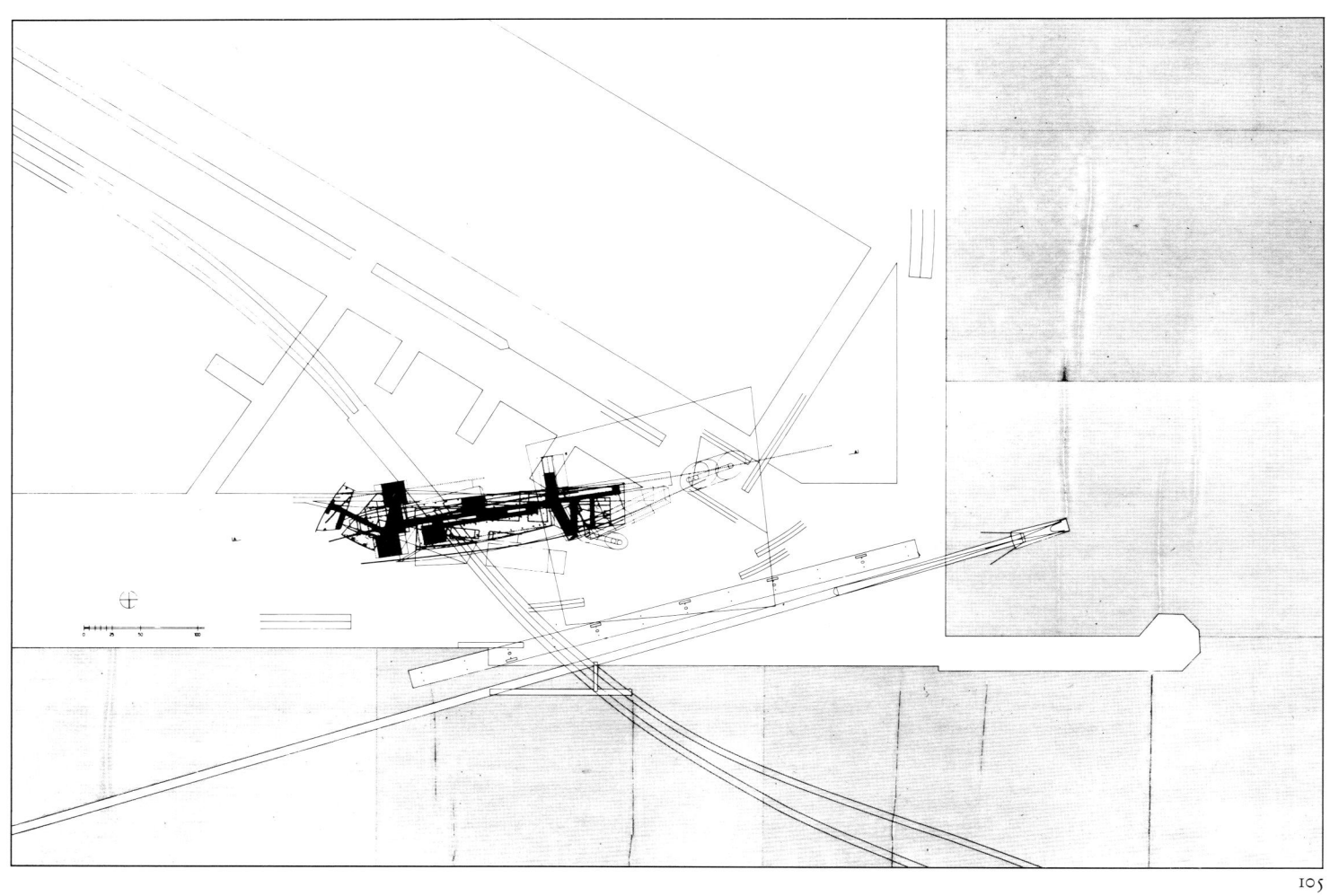

105

104 Schnitt
105 Lageplan
106 Gesamtdarstellung, Axonometrie von Grundriß und Schnitt

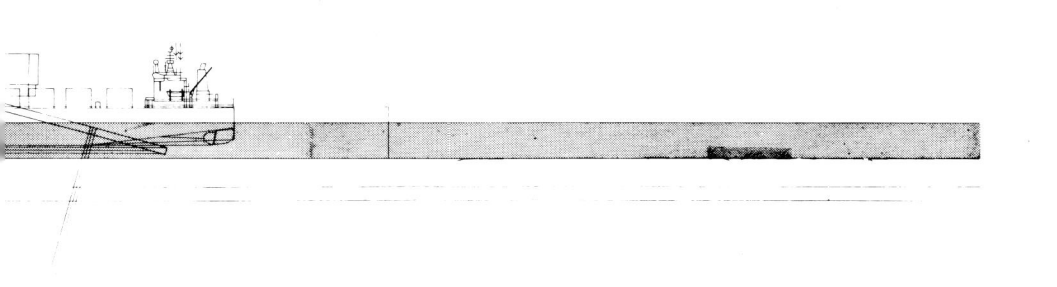

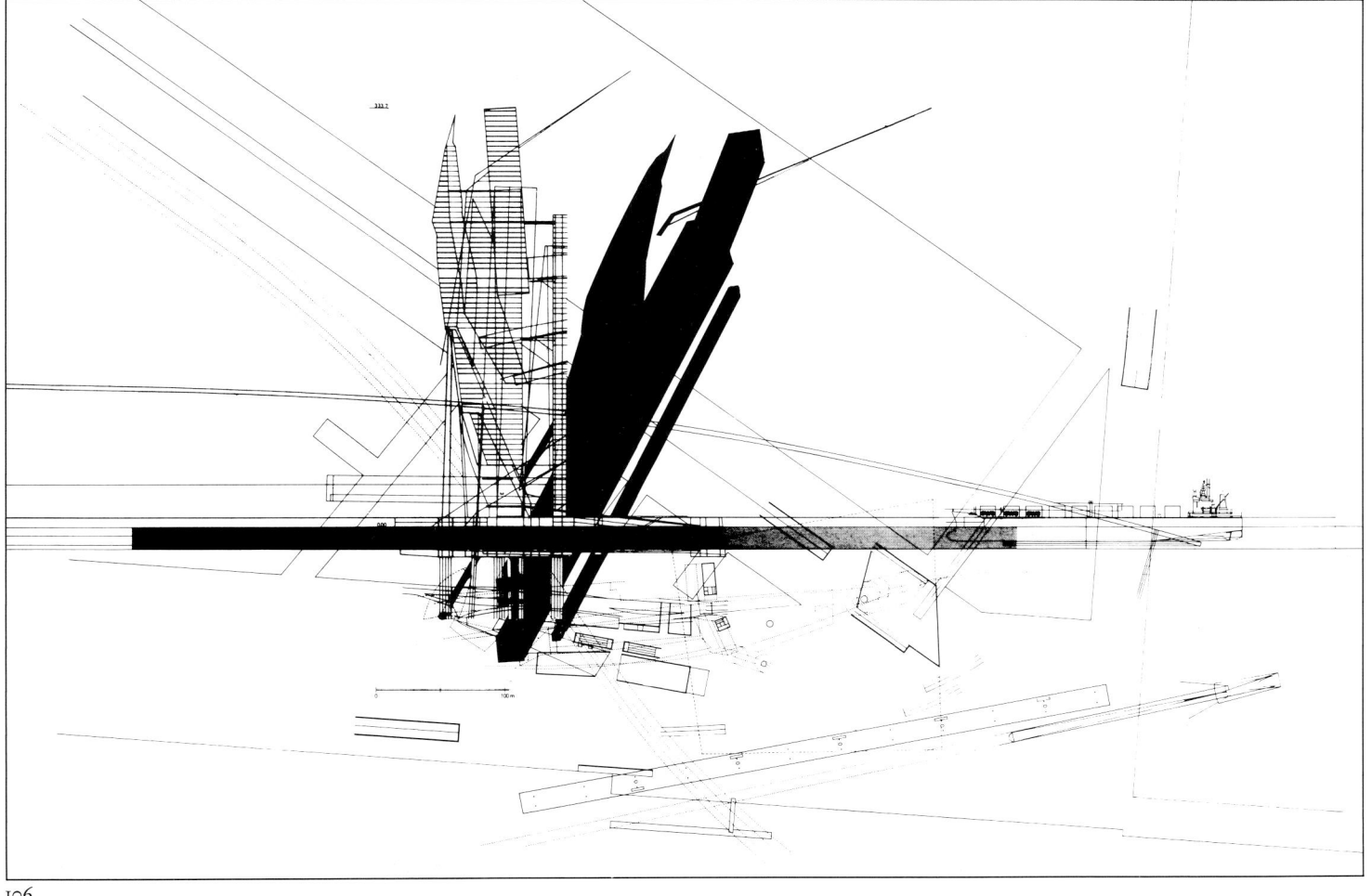

Bernard Tschumi

Geboren 1944 in Lausanne
Sitz in New York

Parc de La Villette. Paris. 1982 – 1985
Erhielt den Ersten Preis beim Internationalen Wettbewerb für den Parc de La Villette. 1983
Wettbewerbsentwurf. 1982/83
Partner: Luca Merlini
Fortgeschrittener Entwurf. 1983 – 1984
Partner: Colin Fournier
Planungsteam: Luca Merlini, Alexandra Villegas, Neil Porter, Steve MacAdam
Endgültiger Entwurf. 1985
Partner: Jean-François Erhel
Planungsteam: Alexandra Villegas, Ursula Kurz
Bautechnik: Peter Rice (Ove Arup and Partners) mit Hugh Dutton

Dieses Projekt ist ein öffentlicher Park auf dem ungefähr fünfhunderttausend Quadratmeter großen Gelände von La Villette in Paris. Der Park wird von einer Reihe verstreuter Strukturen bevölkert, die durch eine komplizierte Abfolge von Gärten, axial verlaufenden Galerien und gewundenen Spazierwegen verbunden sind.

Das Grundprinzip des Projektes liegt in der Überlagerung dreier autonomer Ordnungssysteme: Punkte, Linien und Flächen (Abb. 107). Das System der Punkte wird durch ein Raster aus Zehn-Meter-Kuben festgelegt. Das System der Linien ist eine Folge klassischer Achsen. Das System der Flächen ist eine Reihe reiner geometrischer Figuren: Kreis, Quadrat, Dreieck. Unabhängig beginnt jedes System als eine idealisierte Struktur, ein traditioneller Ordnungsmechanismus. Doch durch das Übereinanderlegen entsteht manchmal eine Verzerrung (durch Einmischung), manchmal eine Verstärkung und manchmal Indifferenz. Das Ergebnis ist eine Reihe vieldeutiger Kreuzungen zwischen Systemen, ein Bereich komplexer Vorgänge – ein Spiel-Bereich –, wo der Status sowohl der idealen Formen als auch der traditionellen Komposition bedroht ist. Ideale von Reinheit, Vollkommenheit und Ordnung werden zu Quellen von Unreinheit, Unvollkommenheit und Unordnung.

Jedes System ist verzerrt durch den Kampf mit anderen Systemen, aber es ist genauso sehr verzerrt in sich selbst. Die durch Achsen bestimmten Galerien sind gedreht und unterbrochen (Abb. 112, 113). Die reinen Figuren der Flächen sind verzogen. Jeder Kubus ist in eine Reihe formaler Bestandteile aufgelöst, die dann verschieden wieder zusammengesetzt werden (Abb. 114, 115). Im Ergebnis wird jeder Punkt des Rasters durch eine andere Versetzung desselben Gegenstandes markiert (Abb. 116).

In jeder Struktur (Abb. 118 – 132) bleibt der Kubus erkennbar. Doch der zergliederte Kubus wird nicht einfach zu neuen stabilen Formen zusammengesetzt, indem man den Bausatz neu ordnet. Statt dessen werden die Bestandteile in unstabilen Montagen ineinandergebettet: sie werden in Konflikt zueinander und zu dem Kubus gesetzt. Der Kubus ist durch Elemente verzerrt worden, die ihm entnommen wurden. Diese verzerrten Kuben werden dann weiter verformt (Abb. 117), um verschiedene Funktionsbereiche (Restaurant, Arkadengänge und so weiter) aufzunehmen. Sie werden zu »Follies« im Park: freistehende Strukturen, verbunden durch unterbrochene Galerien, die sich durch eine zerbrochene Topographie winden.

Der Park ist ein sorgfältig ausgearbeiteter Versuch über die Abweichung idealer Formen. Er gewinnt seine Kraft aus der Verwandlung jeder Störung einer idealen Form in ein neues Ideal, das dann selbst verzerrt ist. Mit jeder neuen Generation von Störung lebt die Spur des vorangegangenen Ideals fort, und es entsteht eine verwickelte Archäologie, eine Geschichte aufeinanderfolgender Idealisierungen und Störungen. Auf diese Weise destabilisiert der Park reine architektonische Form.

107

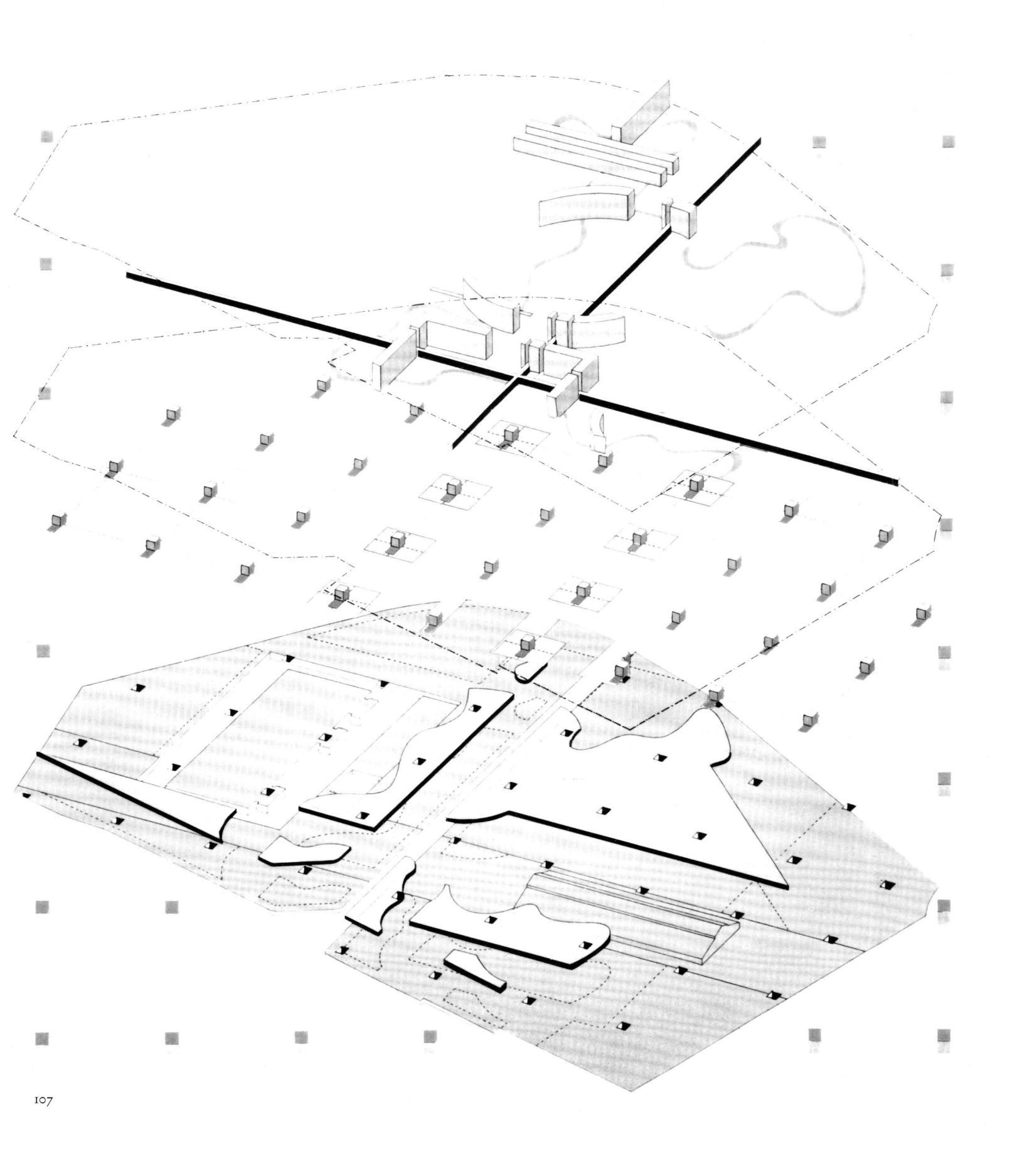

Parc de La Villette

107 Axonometrie; Ineinandergreifen der Punkte, Linien und Oberflächen
(Seite 93)

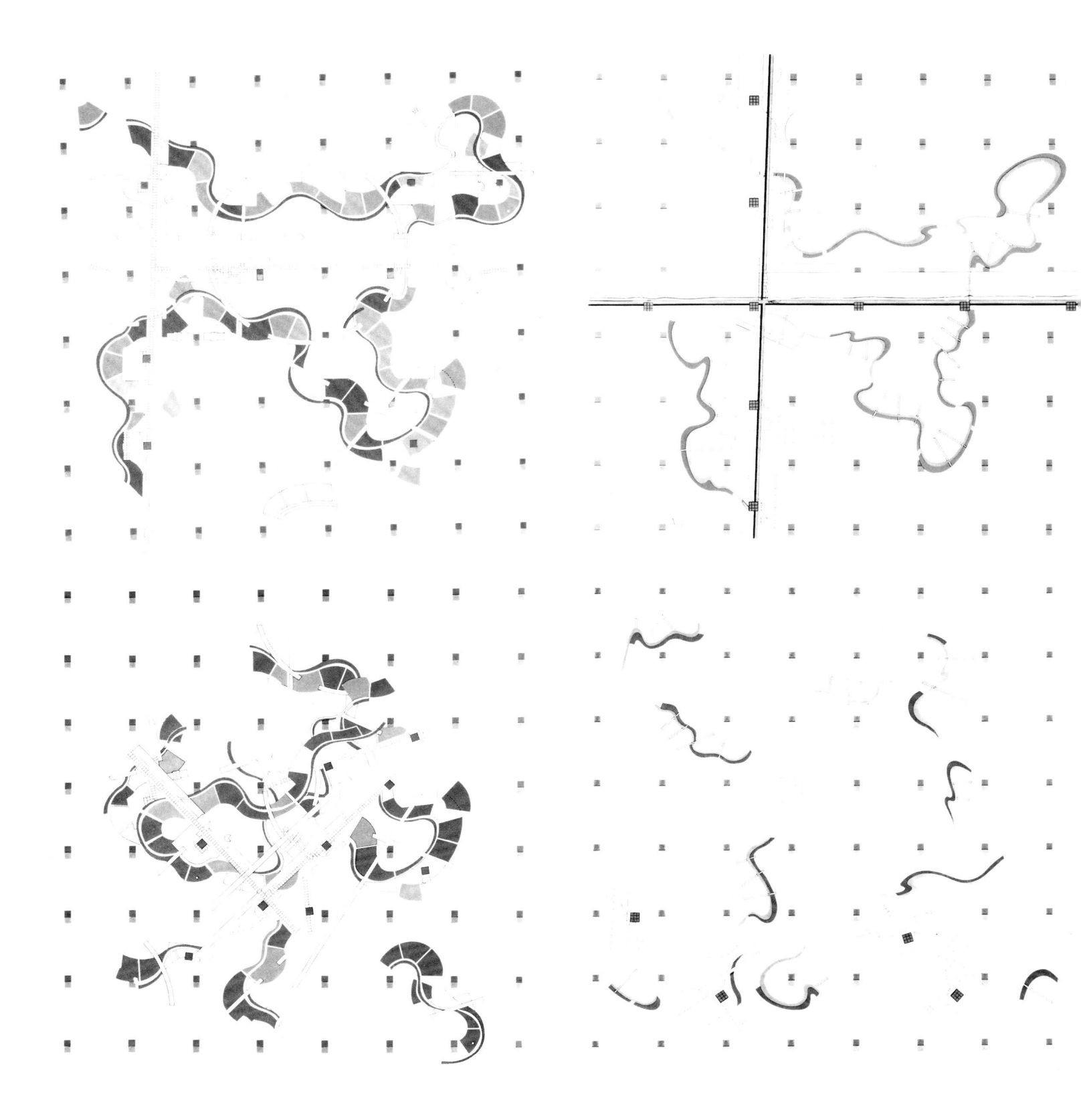

108 Darstellung eines Parkabschnitts
109 Variation

110 Promenade
111 Variation

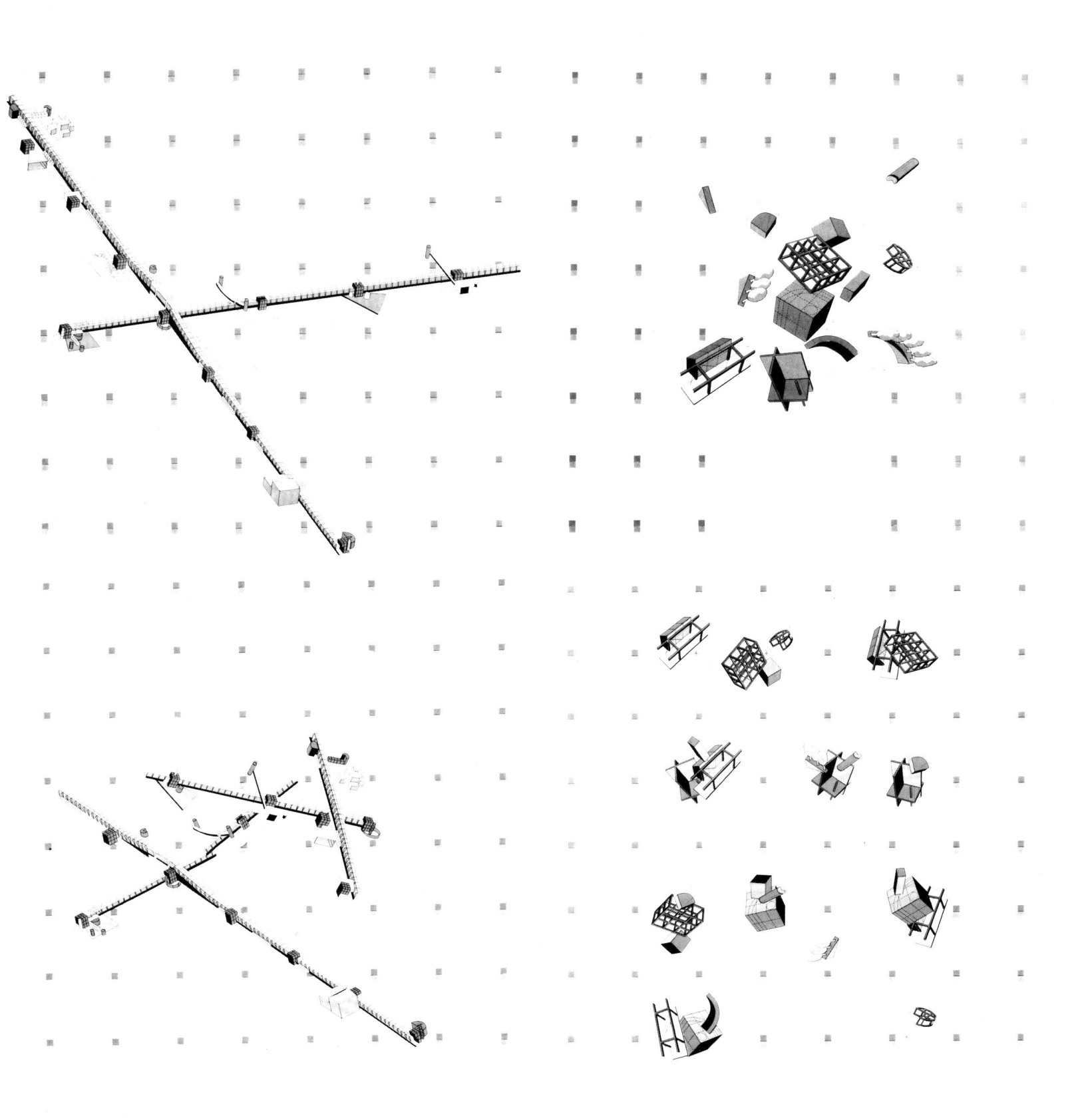

112 Galerien
113 Variationen
114 Aufgliederung des Würfels
115 Neugruppierung des Würfels

116 Spielereien. Variationen. Die Abwandlung des Würfels

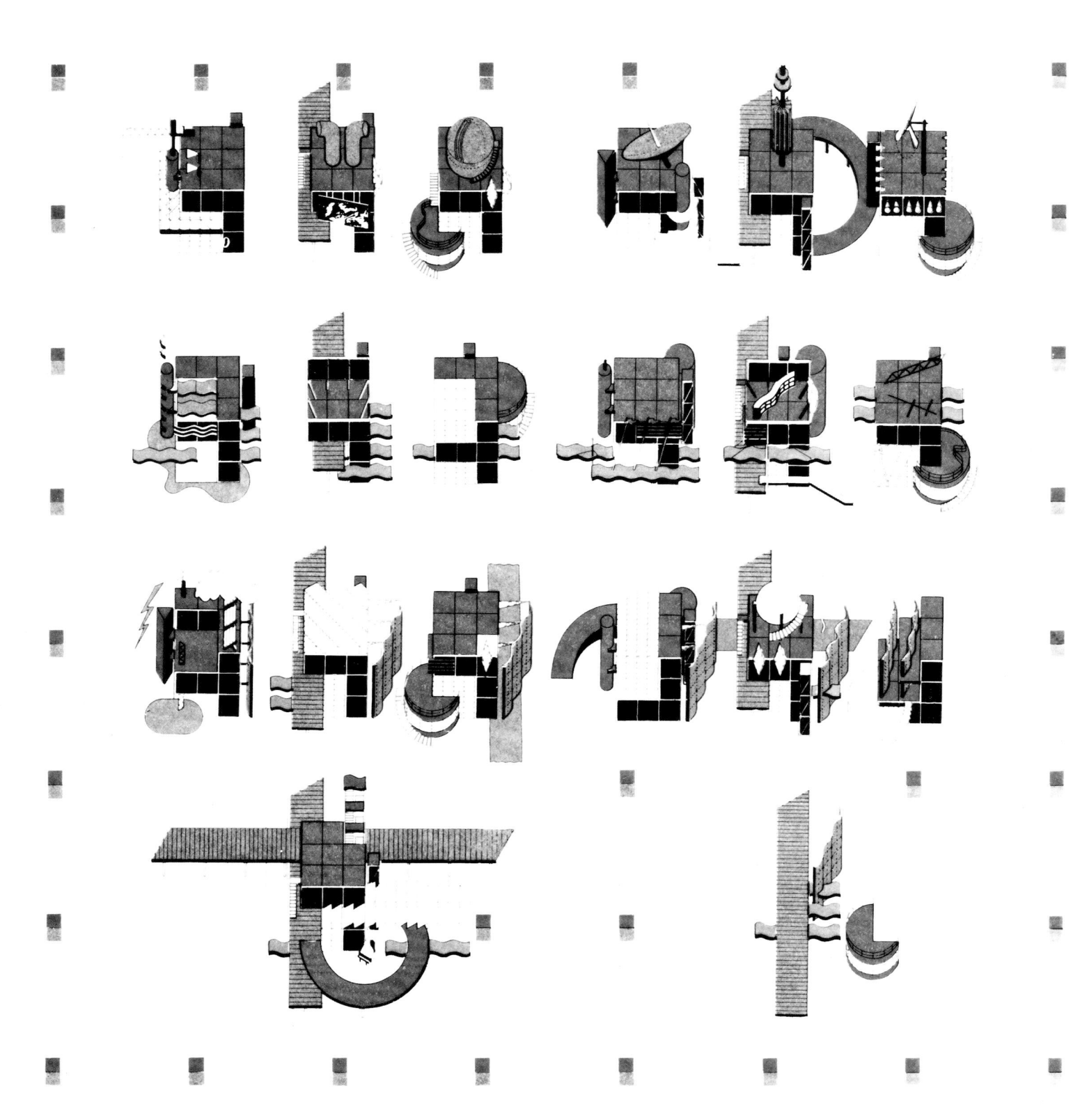

117 Variationen

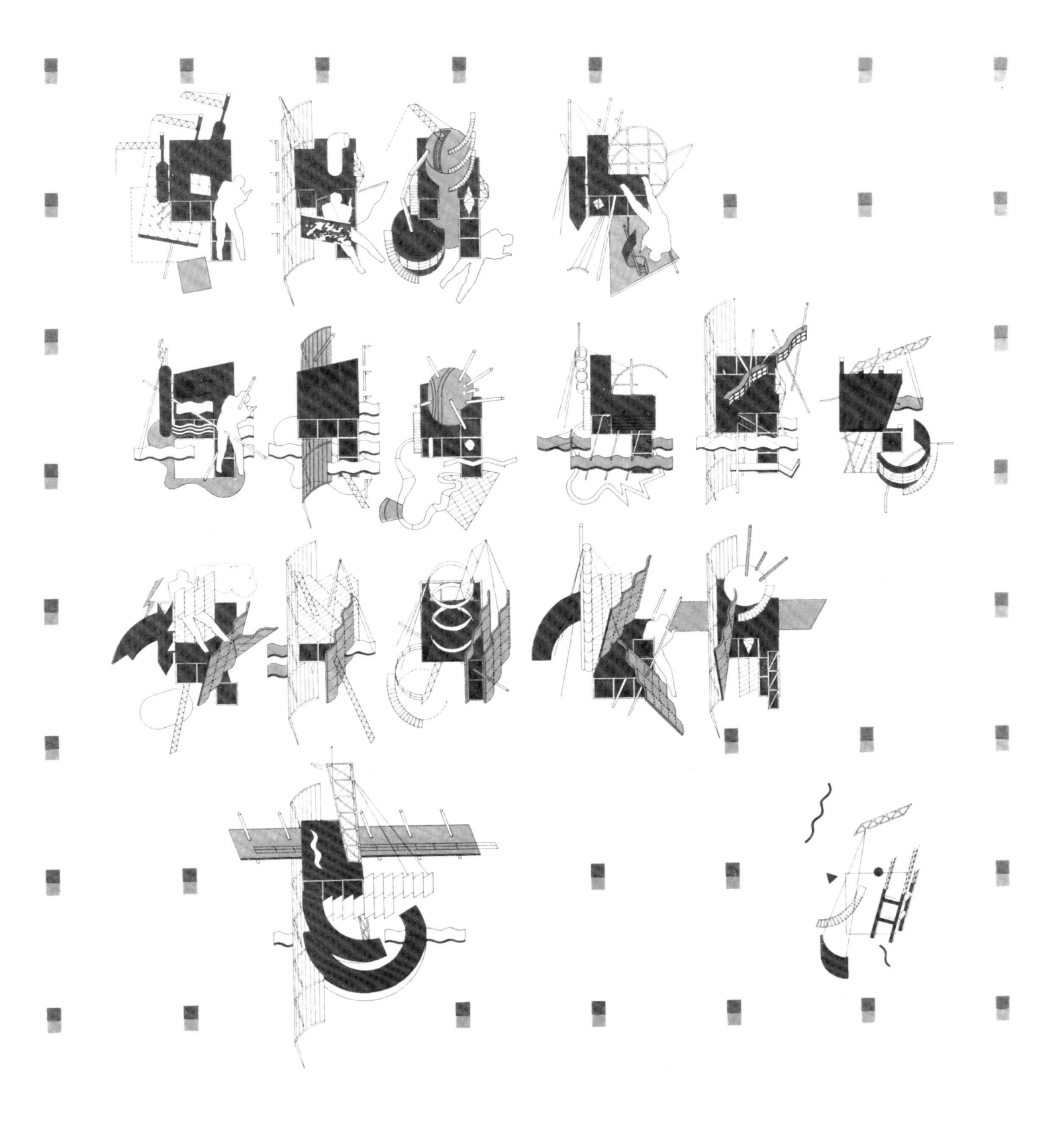

118

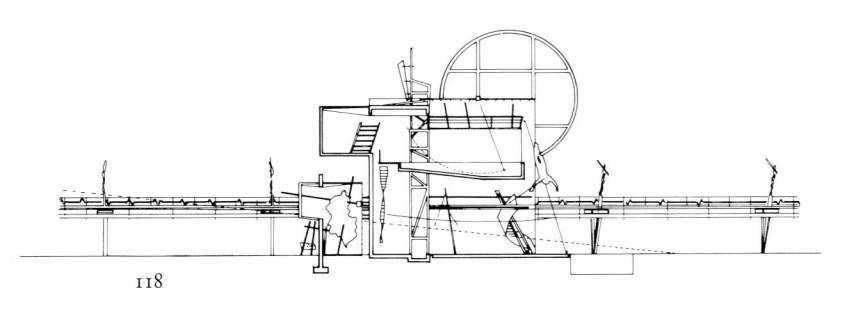

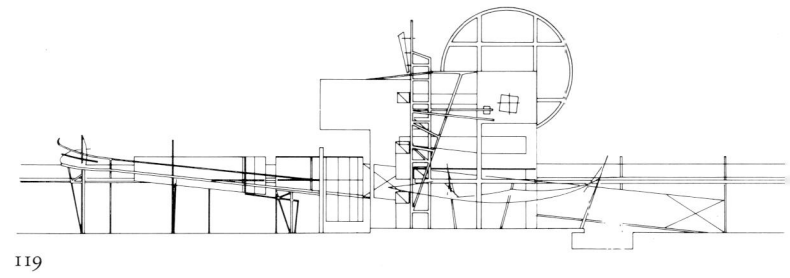

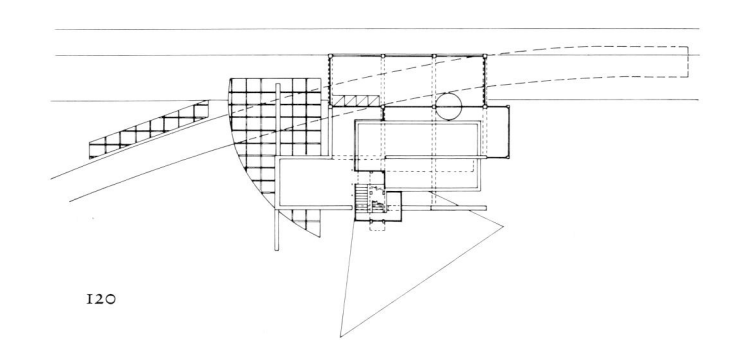

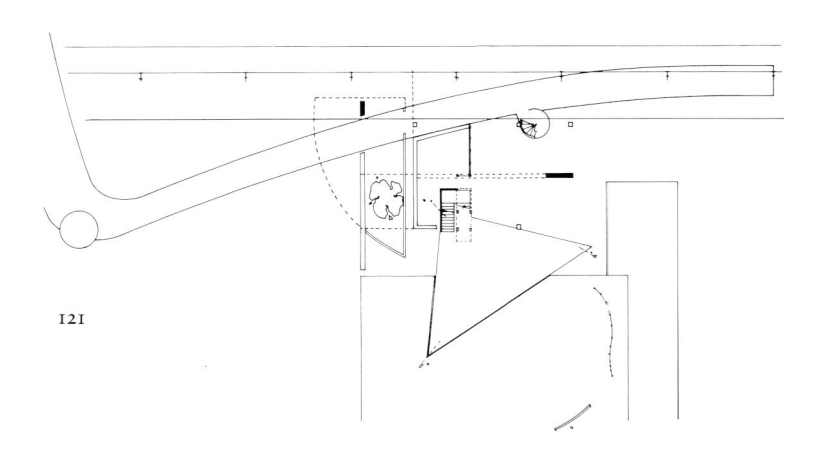

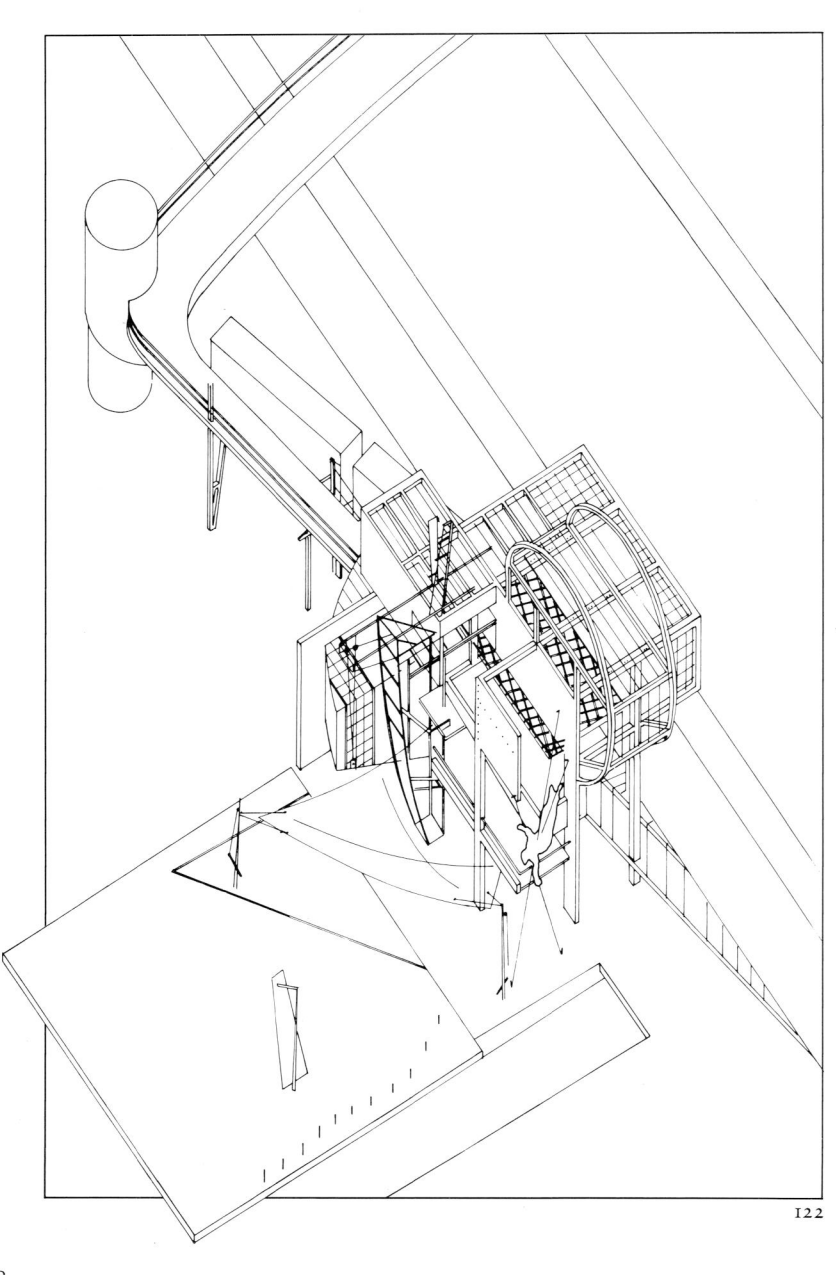

119

120

121

122

Variation N 5
118 Schnitt
119 Aufriß
120 Zwischenebene
121 Erdgeschoß
122 Axonometrie

123

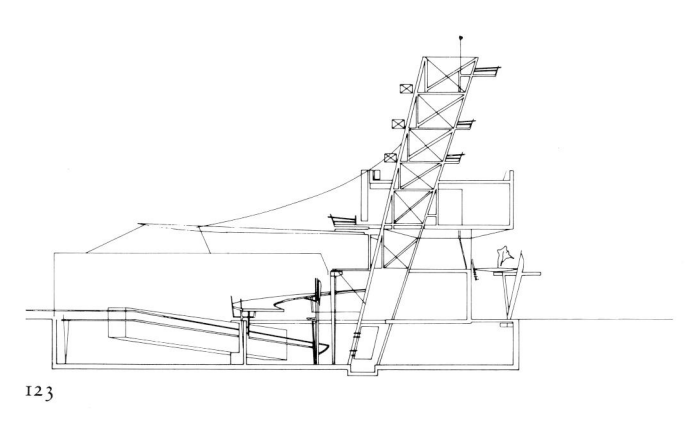

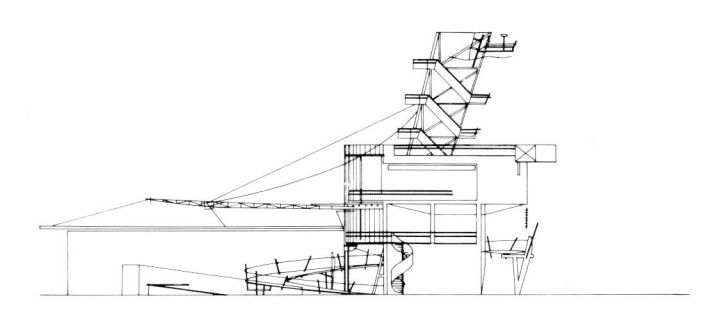

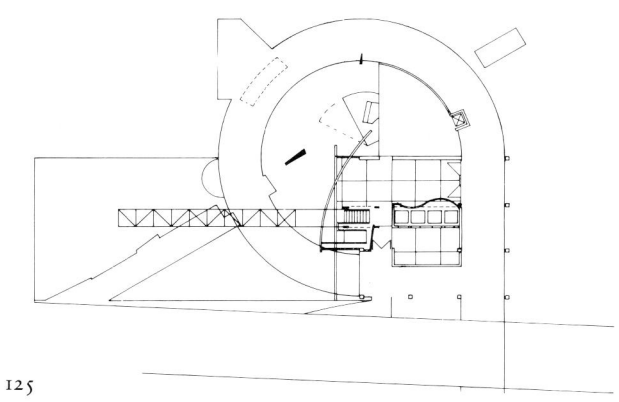

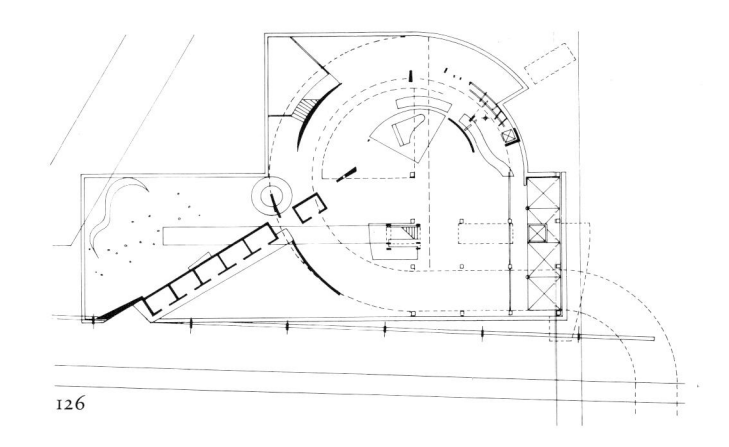

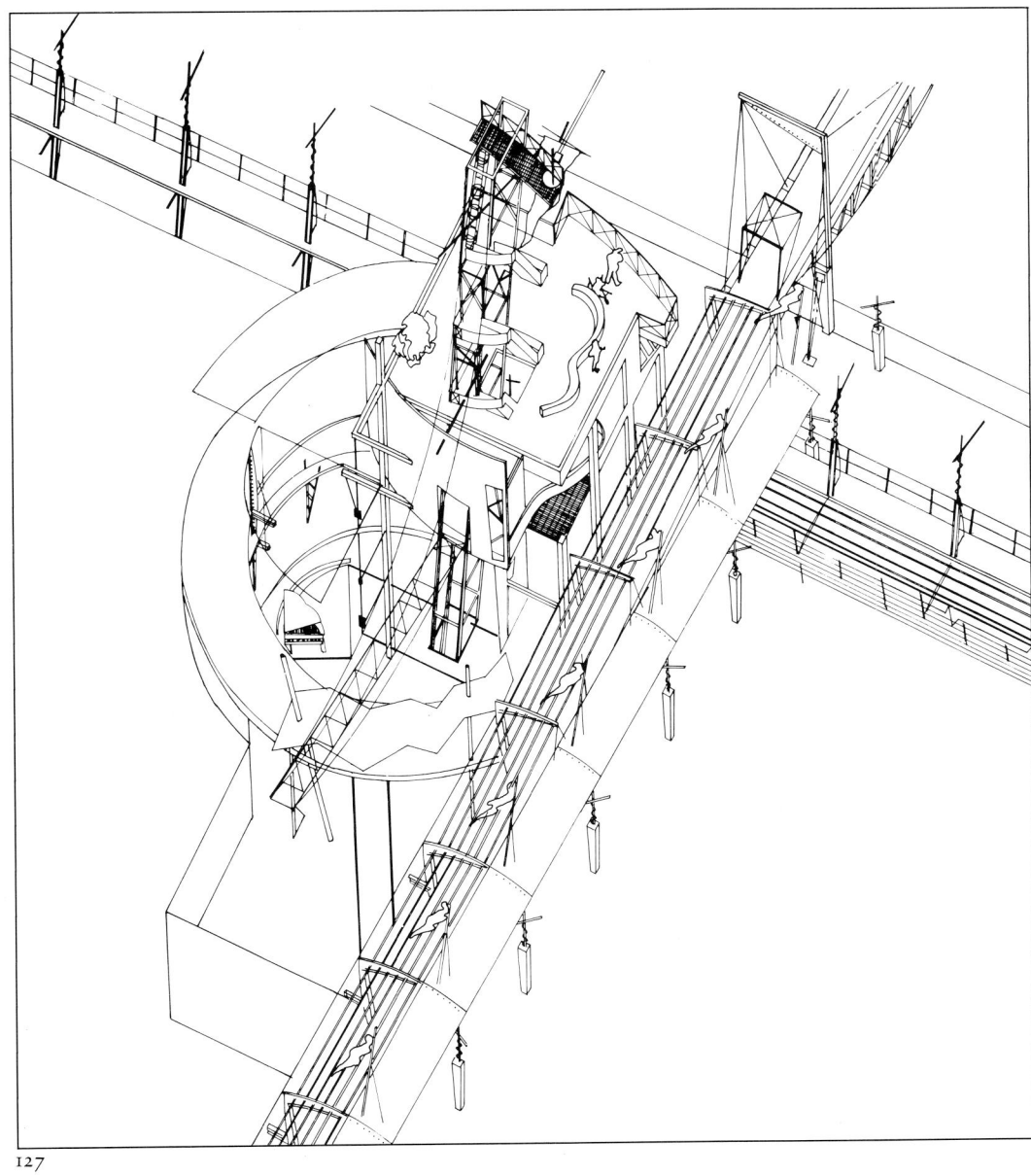

124

125

126

Variation L 5
123 Schnitt
124 Aufriß
125 Erster Stock
126 Kellergeschoß
127 Axonometrie

127

128

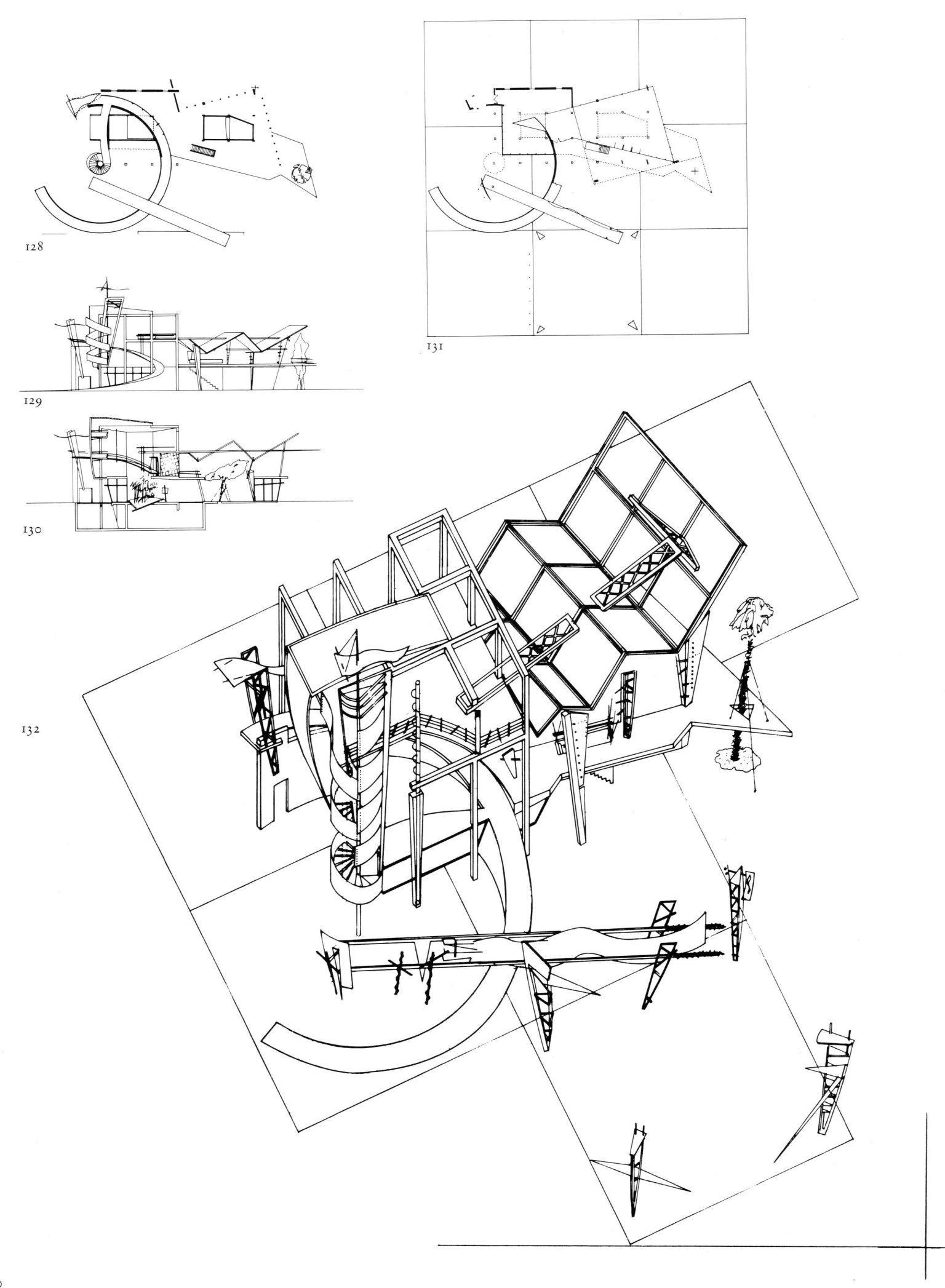

129

130

131

132

100

133

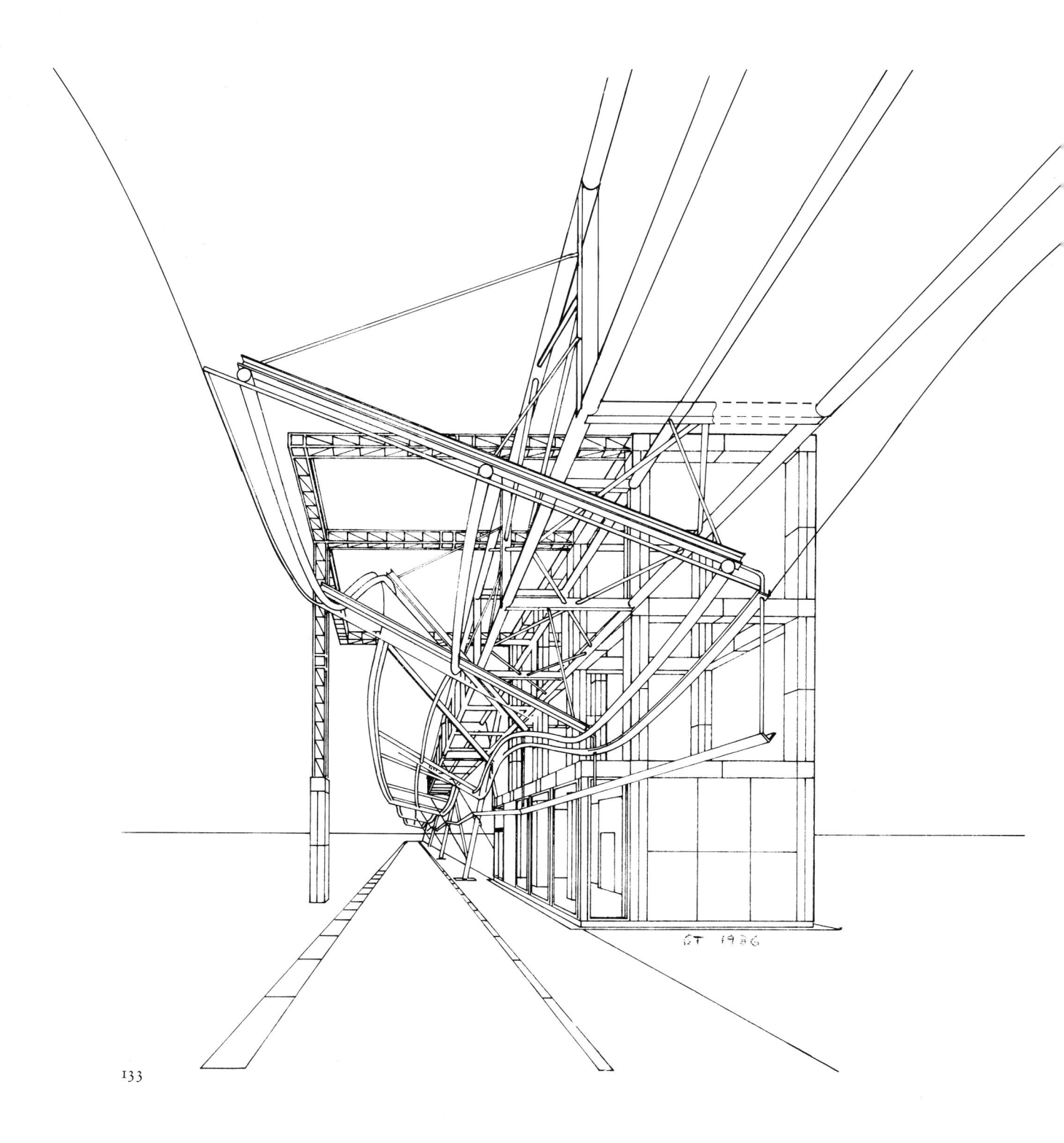

Variation P 6
128 Erster Stock
129 Aufriß
130 Schnitt
131 Erdgeschoß
132 Axonometrie

133 Variation L 7 und
Nordsüd-Galerie, Teil-
abwandlung

Photonachweis

Die meisten in dieser Publikation abgebildeten Photographien stammen von den Architekten und ihren Büros, siehe hierzu die jeweiligen Angaben im Text und in den Bildunterschriften.
Die folgende Liste führt die Photographen und Abbildungen auf, die gesondert genannt werden müssen.

© Hélène Binet Abb. 27, 32, 34
Tom Bonner Abb. 1, 3, 5, 7, 8, 10, 11, 12
Dennis Cowley, mit freundlicher Genehmigung der
Max Protetch Gallery, New York Abb. 36
© 1987, 1988 Dick Frank Studio, Inc. Abb. 46, 48, 49, 55, 62
Robert Hahn, Wien Abb. 88
© Hectic Pictures/Hans Werlemann Abb. 37, 38, 45
Michael Heizer Abb. Seite 8 unten
Frank Hellwig, mit freundlicher Genehmigung ANF, Kassel Abb. 50
Gordon Matta-Clark, mit freundlicher Genehmigung der
Galerie Lelong, New York Seite 10, Abb. 3
© The Museum of Modern Art, New York, Seth Joel
Abb. Seite 8 oben
Susan Narduli und Perry Blake Abb. 9
Brian D. Nicholson Abb. 22, 25
© Uwe Rau, Berlin Abb. 26, 30, 31, 33
© 1977 SITE Projects, Inc. Seite 10, Abb. 2
Tim Street-Porter Abb. 14, 15, 16, 17
Clay Tudor Abb. 18
Edward Woodman Abb. 83, 84
© Gerald Zugmann, Wien Abb. 89, 90, 91, 92, 93, 102, 103